Un año de
milagros

Un año de
milagros

INSPIRACIONES DIARIAS
PARA UNA VIDA DE
PROSPERIDAD Y ABUNDANCIA

Marianne Williamson

AGUILAR

FONTANAR

Un año de milagros
D. R. © Marianne Williamson, 2014.
Título original: *A Year of Miracles*, publicado en inglés por HarperCollins
Publishers, Nueva York.

De esta edición:
D. R. © Santillana Ediciones Generales, S.A. de C.V., 2014.
Av. Río Mixcoac 274, Col. Acacias.
México, 03240, D.F. Teléfono (52 55) 54 20 75 30
www.librosaguilar.com/mx

Primera edición: agosto de 2014.

ISBN: 978-607-11-3281-9

Traducción: Gabriela Vallejo Cervantes.

Diseño de cubierta: Barb LeVan Fisher.

Fotografía de la autora: Jeremy Cowart.

Impreso en México.

Todos los derechos reservados. Esta publicación no puede ser reproducida, ni en todo ni en
parte, ni registrada en o transmitida por un sistema de recuperación de información, en ninguna
forma ni por ningún medio, sea mecánico, fotoquímico, electrónico, magnético, electroóptico,
por fotocopia o cualquier otro, sin el permiso previo, por escrito, de la editorial.

INTRODUCCIÓN

Un milagro es un cambio en la manera de pensar, un giro del miedo al amor. A primera vista esto puede sonar un poco ridículo. ¿Cómo puede producirse un cambio milagroso tan sólo transformando el pensamiento?

Y sin embargo, esto es exactamente lo que sucede. Cada pensamiento que generamos crea una *forma* en algún nivel. Un pensamiento simple —que puede parecer trivial o incluso poco importante— lleva dentro de sí el poder de mover montañas. Y eso es apenas lo mínimo que puede hacer. No existe poder en el mundo —ya sea dinero, tecnología, negocios o gobierno— que pueda compararse con el poder que ejercemos cuando utilizamos nuestras mentes con el propósito de amar.

"¡Yo amo, yo amo!", podrías decir. Por supuesto que sí. Todos amamos. El problema es que amar no es lo único que hacemos. Amamos, pero luego retiramos el amor. Amamos, pero dejamos de hacerlo cuando se vuelve inconveniente. Amamos, pero sólo hasta que el ego se siente en peligro.

Y entonces sucede que mientras amamos no ejercemos el poder del amor. Amamos, pero no de manera total. Y por ello al amar, no logramos hacer milagros.

El propósito de este libro es ayudarte a guiar tu mente hacia pensamientos de amor que puedan romper las cadenas del miedo que te esclavizan. Si tan sólo tomamos un momento, una situación, un pensamiento al día, podremos desprendernos lentamente de las formas más simples del pensamiento que nos tienen atados. De esta manera nos volveremos hacedores de milagros para nosotros y para todo el mundo.

...

El primer lugar donde hay que empezar no es en el mundo que te rodea, sino dentro de ti mismo. No vas a hacer un milagro en tu entorno, sino dentro de tu propia mente.

Porque la mente es la *causa* y el mundo es el *efecto* podemos modificar el mundo al cambiar los pensamientos que tenemos sobre él.

Comienza con un sencillo paso:

Baja el libro y mira a tu alrededor. Mira la silla en la que estás sentado, o la mesa que está cerca de ti o las paredes que te rodean. Y pregúntate esto: *¿Cuáles son mis pensamientos sobre esta silla o esta mesa, o esta pared? ¿Que tal vez no son lo suficientemente buenos o bonitos? ¿O tal vez ni siquiera pienso en ellos y más bien los doy por sentado?*

Ahora intenta hacer un cambio: *Guau, qué afortunado soy de tener una silla. Billones de personas no la tienen. Qué afortunado soy de tener una mesa. Billones de personas no la tienen. Y qué afortunado soy de tener paredes a mi alrededor. Billones de personas no las tienen.*

Nota la sutil variación energética que tuvo lugar cuando hiciste ese cambio, y cómo tu pensamiento pasó de ser una especie de lugar más duro a otro más blando, de algo que flota alrededor de tu cabeza a un sitio dentro de tu corazón.

Y ahora lo que debes saber es esto: HAS CAMBIADO EL UNIVERSO.

Sí, eso es exactamente lo que dije.

Las corrientes de viento en el Polo Norte se ven perturbadas cuando una mariposa bate sus alas en América del Sur, y el mundo entero es afectado con cada pensamiento que desarrollas. Por supuesto, no tienes que aceptar esta idea. Un hacedor de milagros simplemente lo sabe.

Cualquiera puede ser un hacedor de milagros, cualquiera que elija serlo. Cualquiera puede escuchar el sonido de la antigua melodía que nos llama pidiéndonos que recordemos quiénes somos en realidad y el poder que tenemos. Un hacedor de milagros acepta la idea de que cada pensamiento tiene un efecto no sólo en quien lo piensa, sino también en todos los demás.

No es necesario que creas en nada de esto. Este libro es una guía, no una doctrina. Pero sólo inténtalo y observa cómo las cosas cambian.

Así que ya dejamos claro que tal vez no tengas ni idea de lo que significa tu silla o tu mesa o tu pared. Y, sin embargo, el significado que atribuimos a lo que nos rodea determinará el sentido que las cosas tengan para nosotros. Si piensas que algo no es lo suficientemente bueno, nunca lo será. Si piensas que algo es maravilloso, cada vez será mejor.

Este tipo de pensamientos son, pues, milagrosos:

Doy gracias por esta silla, por esta mesa, por esta pared.

Recuerdo con compasión a quienes no tienen estas comodidades y oro porque reciban lo que necesitan.

Me ofrezco a mí mismo para que por medio de mí se pueda poner fin al sufrimiento en el mundo.

¿Qué te han hecho sentir esos pensamientos, no a los otros, sino a ti?

En realidad, te han situado en un lugar distinto del universo. Has dejado de ser alguien con un corazón relativamente abierto para transformarte en alguien con un corazón totalmente abierto. *Y mientras más se abra tu corazón, más milagros recibirás.*

Los milagros ocurren de manera natural como expresiones del amor. Cuando eliges amar, eliges hacer milagros.

Las páginas que siguen son 365 lecturas, cuando se hacen diariamente, pueden ayudarte a permanecer centrado en el amor y evitar las distracciones del miedo, la ansiedad, la culpa y de todo aquello que no está construido con base en el amor. Escoger pensar a diario con amor es lo que determina los tipos de milagros aparecerán en nuestras vidas. El universo está listo para prodigarte sus bendiciones. ¿Estás listo para recibir estos regalos? Rezo porque este libro pueda ayudarte.

Un año de
milagros

El universo anhela en cada momento traerme felicidad y paz

El universo no funciona al azar sino mediante la intención: refleja la voluntad de Dios, del pensamiento cósmico que guía todas las cosas a alcanzar su mayor perfección.

El ego de mi mente —mi propia autodenigración disfrazada de amor propio— me lleva siempre hacia el miedo, atrayéndome hacia pensamientos de culpa, hacia la lucha constante y la percepción de las faltas que hay en mí o en los demás. Su objetivo es darme sufrimiento o condenar todas mis ilusiones.

El espíritu dentro de mí me lleva sólo a la alegría, al inspirarme a ver el amor en los demás y a descubrir los milagros que se esconden dentro de todas las cosas. El universo es la propia escritura de Dios, ya que en éste Él crea y recrea la perfección de lo que Él es. Dentro de esta perfección se encuentra mi ser verdadero, y en mi ser verdadero me lleno de felicidad y paz.

Hoy no voy a ceder a la tentación de tomar las veredas del dolor, sino que voy a dirigirme por los caminos de la alegría y la paz. Que el espíritu de Dios proteja mi mente de las fuerzas del miedo que podrían afectar mis pensamientos. No voy a caer en el engaño de las falsas creencias que apoyan la culpa y el conflicto, sino que voy a permanecer constantemente inspirado por las percepciones divinas de la inocencia y el amor, pues allí es donde voy a experimentar el gozo de la creación divina.

El perdón me libera del dolor

No perdonamos a los demás para su propio beneficio; los perdonamos en beneficio de nuestra propia paz mental. Cualquier ataque a otra persona es un ataque a nosotros mismos, ya que en el universo espiritual no somos más que uno. Lo que pienso de otro lo pienso sobre mí. Todos formamos parte de la unidad del amor de Dios. Sólo el amor es verdadero y sólo el amor tiene poder; todo lo demás es una absoluta ilusión.

El perdón me salva del dolor. Si yo creo que "lo que me hiciste" es real, entonces también creo que las consecuencias de esos hechos son reales. Si logro pasarlo por alto, podré superarlo. El problema sencillamente es éste: ¿dónde pongo mi fe? ¿La pondré en actos carentes de amor de lo que otro me ha hecho, o bien, en el amor eterno que está dentro de todas las cosas y corrige todos los males? En la medida en que pueda desapegarme del momento doloroso, dejaré de sentirme afectado por él. He decidido poner mi fe en otro sitio. En eso consiste el milagro del perdón.

He podido pasar por situaciones amargas en mi vida, y, por supuesto, tengo que procesar esos sentimientos… pero no tengo que ser condescendiente con ellos. Necesito honrar lo que siento… pero no tengo que echárselo a nadie en cara. Al permanecer en la verdad espiritual, en la que sólo el amor es real, desarrollo la habilidad de pasar del sufrimiento a soltar con mayor rapidez todas las vejaciones. Con el tiempo y conforme el perdón se vuelve mi forma de vida, el intervalo de tiempo entre ambos momentos dejará de existir.

No puede haber oscuridad
donde yo pongo luz

La luz es a la oscuridad lo que el amor es al miedo; en el momento en que uno está presente, el otro desaparece. Todas las oscuridades de mi vida —los miedos, las neurosis, disfunciones y enfermedades— no son tanto cosas en sí, como ausencia de cosas. Lo que representan no es tanto un problema, como la ausencia de una solución. Y la solución es el amor. Todas las manifestaciones del temor desaparecen en la presencia del amor.

Así que hoy doy un paso contra la oscuridad, sabiendo que el amor me salvará de todos los engaños dolorosos que habitan mi mente. Al permitir que la mente se rinda al amor y pueda dedicarme a la luz del Ser Verdadero, el amor eliminará mis miedos y la luz disipará toda la oscuridad.

No es el amor que recibo de otros, sino el que soy capaz de dar el que me salvará hoy del sufrimiento. Traigo a mi mente ahora a cualquier persona a la que esté evitando darle amor o perdón, o bien cualquier situación que me impide tener fe en los milagros, y dejo ir esos pensamientos para recibir curación.

Dios está siempre conmigo, porque Dios está en mi mente

D ios no está fuera de mí, sino que vive en mi corazón. Vive en mi mente tanto como yo vivo en la suya. No hay nada que pueda hacer y ningún lugar adonde ir que pueda alejarme de Dios.

Creer que puede existir una distancia entre Dios y yo es la raíz de todos los problemas. Ya que no existe separación alguna, no estoy sólo porque Dios siempre está conmigo.

No existe ningún problema que Dios no pueda resolver. Él me guía a elegir el pensamiento y la acción correctos cuando así se lo pido. Él puede dividir las aguas y calmar todas las tormentas por medio de *su* espíritu que vive dentro de mí.

Sin importar lo que tenga que enfrentar hoy, no necesito tener miedo, ya que Dios es todopoderoso y Dios se encuentra aquí. Nunca estoy separado de Aquel que me ha creado. No hay nada que pueda hacer que lo aleje de mí. Soy amado, estoy en su cuidado y me siento totalmente seguro entre sus brazos.

PARA REFLEXIONAR

El milagro de entregarse

Dios conoce los lugares torcidos que necesitan enderezarse, todas las heridas de nuestro corazón que han permanecido tantos años sin cerrar y todas las partes rotas de nuestra vida que no se han reparado. Y Él, que es el autor de los milagros, tiene el deseo y el poder infinito para sanarlo todo.

En un momento dado, no importa tanto cómo hemos llegado a ser de cierta manera. Hasta que podamos admitir nuestros defectos y aceptar la responsabilidad de que sin importar cómo y de quién los hayamos adquirido, *ahora son nuestros*, hasta ese momento Dios mismo no tiene poder para sanarlos. Podemos hablar durante horas con un terapeuta sobre cómo nuestra relación con mamá o papá nos ha hecho desarrollar alguna característica de nuestro comportamiento, pero eso no logrará que desaparezca. El poder nombrarlo y entregarlo a Dios, y pedirle que lo elimine, *ése* es el milagro de la transformación personal. Puede que no desaparezca en un instante, pero sus días ya están contados. La medicina ya está en tu torrente sanguíneo psíquico.

En el universo espiritual, sólo el amor es real y nada más existe

Mientras las apariencias del mundo tridimensional me engañan al hacerme creer que hay poderes mayores que la voluntad de Dios, en realidad sólo el amor es el reino, el poder y la gloria. Mis sentidos físicos son instrumentos útiles, pero no son el árbitro de la verdad. Sólo el amor en mi corazón es el verdadero conocedor de todas las cosas.

El mundo me ha llevado a dar crédito a las ilusiones del miedo y la separación, y a no creer en la verdad que se encuentra detrás de esto. Hoy doy un paso hacia la verdad al permitir que mi percepción vaya más allá de lo que mis sentidos me revelan, hasta aquello que sé cierto en mi corazón. Me comprometo con la convicción de que sólo el amor es real y reconozco la inexistencia de cualquier otra cosa. De esta manera reclamo el poder del hacedor de milagros, que es un medio por el cual Dios en *su voluntad* hace que prevalezca el amor.

Sin importar la situación en que me encuentre hoy, recuerdo que sólo el amor es real. No voy a dejarme engañar por las falsas apariencias. Cuando no pueda encontrar mi camino guiado por la visión verdadera, pediré a Dios que me recuerde que las falsas apariencias no tienen poder frente a su voluntad. Oro porque mi ojo interior se abra hacia el amor que está en todas las cosas.

No puedo salvar al mundo sin la ayuda de Dios, pero él tampoco puede salvarlo sin nuestra ayuda. Necesitamos su amor; él necesita nuestras manos y nuestros pies. Hoy se los ofrezco a Dios

El amor que se cierne sobre la Tierra, por más bien-intencionado que sea, no es suficiente para salvar al mundo. Sólo por medio de un corazón dispuesto y de un amor encarnado con autoridad milagrosa puede disiparse la oscuridad y dar paso a la luz.

Dios sólo puede hacer por nosotros lo que pueda hacer a través de nosotros; y yo le pido que actúe a través de mí. Que yo pueda ser usado para un propósito mayor al entregarle mis pies y manos, mis pensamientos y mi acción. Que éstos sean un reflejo de su amor. Oro porque los ángeles puedan guiarme y desempeñe mi parte para sanar el mundo.

Hoy es un día de entrega; no busco mis propios objetivos, sino el objetivo de Dios. Que mi corazón esté abierto y mi alma sea tan suave que pueda ser un canal para todas las cosas buenas. Que me sea revelado a dónde ir, qué hacer, qué decir y a quién, para mejor servir a sus propósitos. Que en cada momento pueda recordar la plegaria: "Querido Dios, haz de mí tu instrumento." Porque entonces estará hecho.

El universo sabe cómo debe organizarse. Hoy me aparto y dejo que venga a mí

La organización divina es inherente a todas las cosas. No está en mí comprender ni crear el plan superior, sólo puedo seguirlo. Igual que la célula contiene inteligencia natural y promueve el funcionamiento saludable del cuerpo, así yo también tengo inteligencia natural que favorece el perfecto desenvolvimiento de la vida. Mi inteligencia natural es el amor, y siempre que me centre en ella, y sólo en ella, todo lo bueno, lo verdadero y el espíritu de paz llegarán hasta mí.

No puedo usar mis dedos para hacer un diseño utilizando una pila de virutas de metal; sólo puedo hacerlo usando un imán. El imán es el amor dentro de mí que atrae de manera natural los acontecimientos positivos para mí y para quienes me rodean. Hoy no trataré de anteponer mis actos a la fuerza del amor. Confío en que, mientras permanezco satisfecho en mi corazón, el universo automáticamente encontrará una manera de levantar mi espíritu y darme paz.

Hoy me alineo con la voluntad de un universo amoroso

El universo no funciona al azar sino mediante la intencionalidad; como un reflejo de la mente divina, su intención es que todos los seres vivos reciban amor y felicidad. La pregunta que quiero hacerme en cualquier situación es: "¿Estoy en sincronía con la voluntad del universo?"

Si sólo busco mis propios intereses, si culpo a otros o me dedico a vivir en el pasado, si estoy compitiendo y no colaborando, entonces no me encuentro en concordancia con el universo amoroso. En lugar de eso, busco la senda milagrosa. Voy a enfrentar cada situación con una sola intención: ser un vehículo de su amor y una bendición para los que me rodean. Que todas las personas que crucen en mi camino, o bien, todos los que entran en mi pensamiento reciban mi amor.

No necesito preocuparme por saber si el universo busca mi mayor bien, ya que su intención es que todos los seres reciban su mayor bienestar. El tejedor divino siempre está trabajando. Yo soy un hilo en el tapiz eterno de la creación dorada de Dios, tanto como los demás. Aceptar esto me permite relajarme en la certeza de que soy bendecido. Siento profundamente esta bendición al elegir bendecir a otros.

PARA REFLEXIONAR

Ser quien eres

Dondequiera que hayas estado o cualquier cosa que hayas hecho hasta ahora han sido los elementos que te han traído a vivir este instante. Ahora es el momento de entregarte a tu grandeza, grandeza que nunca hubieras podido lograr sin pasar por todas esas etapas. Todo lo que has vivido ha sido el suministro para el molino por el cual te has transformado en quien eres. Sin importar lo bajo que hayas caído, para Dios no hay límites a lo alto que puedes llegar ahora. No es demasiado tarde. No estás demasiado dañado. De hecho, eres mejor de lo que piensas.

Hoy elijo la felicidad

Las circunstancias de mi vida pueden cambiar, ya que el mundo de los mortales es variable. El mundo inmortal, sin embargo, es inmutable ya que en él no hay más que amor. Voy a edificar mi casa sobre la roca del mundo inmortal. Hoy voy a escoger sólo pensamientos eternos.

Voy a ampliar mi percepción más allá de lo que mis pensamientos distinguen hacia lo que el corazón sabe con certeza que es verdad. Alejo de mi mente las creencias de que las personas o las cosas deben ser distintas de lo que son para que pueda sentirme seguro. Sé que aunque el miedo llega, lo que al final perdura es el amor. Por ello, no debo temer, ni llorar ni caer en la desesperación. En la medida en que vea lo que es verdadero podré también ver sólo felicidad.

Hoy elijo la felicidad. Ésta no depende de mis circunstancias, sino de mi estado mental. Dejo en manos de Dios los hábitos emocionales que me llevan por el camino de la infelicidad y rezo para que me guíe a cambiar mis pensamientos. Al cultivar el hábito de la felicidad, atraigo a la gente y las situaciones que comparten mi misma vibración. Sonrío más, muestro más mi aprecio por otros, doy gracias y estoy alegre con más frecuencia, ya que es lo que elijo el día de hoy.

Entrego mis miedos y cargas a Dios

No necesito traer a mi día las cargas de mi existencia. Más bien, las dejo en manos de Dios. Sé que las quitará de mis hombros, ya que lo que yo dejo en el altar de mi mente produce una transformación en mi vida.

Cuando no sé lo que debo decir o hacer, Dios que vive dentro de mí iluminará mi pensamiento y guiará mis palabras. Cuando un acontecimiento me debilita a través del miedo, puedo sentir *sus* brazos rodeándome. Y cuando el camino frente a mí parece largo y solitario, sé que no estoy solo.

Querido Dios,

por favor, toma las cargas que llevo en mí.
Por favor, eleva mi pensamiento y realiza un milagro.
Manda una oleada de amor para dispersar mi miedo.
Así sea.

Amén.

Hoy purifico los errores de mi pasado

Aunque he cometido muchos errores, hoy recuerdo que Dios es infinitamente misericordioso. Estoy dispuesto a purificar mis faltas y corregirlas, para que la misericordia de Dios me sea otorgada. Rezo por el perdón, para que mi corazón pueda estar libre de vergüenza y culpa. Sé que soy un hijo perfecto de Dios y que mis errores no van a cambiarme.

Dios no me ve como alguien que debe pagar sus faltas, sino como alguien que sólo debe corregirlas. Cuando busco a Dios y admito mis errores, con arrepentimiento por cualquier daño que hice a los demás o a mí mismo, el poder milagroso de la contrición actúa en mi beneficio. Tendré una oportunidad para empezar de nuevo; tantas veces como haya caído, Dios me levantará, porque ésa es la misericordia de Dios.

Me arrepiento en mi corazón por los errores que cometí: por la imprudencia y la irresponsabilidad, la pereza y la deshonestidad y el daño que me haya causado a mí mismo o a otros. Oro por quienes herí y pido se recobren del dolor que les infligí. Prometo ser ahora una mejor persona y levantarme de donde antes he caído y brillar en la oscuridad que ha penetrado mi vida.

La santidad del presente me aleja del dolor del pasado

Cada momento revela el amor infinito de Dios. Al vivir en el presente, estoy libre y a salvo. Nada puede mantenerme atado al pasado, excepto mis pensamientos.

Me perdono a mí mismo y a los otros por los errores cometidos antes de este momento. Escojo no arrastrar el peso de mi pasado a la tierra prometida de cada nuevo día. Estoy abierto a los milagros que el presente tiene para mí en un eterno ahora.

Abandono mi fijación al pasado para vivir con intensidad el presente. Que mis pensamientos no se pierdan en la oscuridad anterior, sino que se llenen con la luz del ahora. Que mi corazón se abra al conocimiento de que todo es posible a cada momento y que Dios no se aparta por los miedos o los errores cometidos en el pasado. Perdono lo que hasta ahora ha sido y abrazo lo que ahora es. Estoy en paz con la santidad de este instante y dejo ir todo lo demás.

PARA REFLEXIONAR

El milagro del momento presente

Idealizar otros tiempos, otras condiciones, otra realidad, no es más que un hábito mental. Es sencillamente una manera de evitar la situación que ahora enfrentamos en nuestra vida. Al eludir la realidad de las circunstancias presentes, también esquivamos los milagros que ésta nos ofrece. Todo el mundo suele hacer esto, ya que así funciona el ego de la mente. Pero podemos contemplar este hábito de autosometimiento y cambiarlo por una perspectiva más verdadera: que dondequiera que nos encontremos estamos en el lugar adecuado y que cualquier momento por el que pasemos ahora es el tiempo perfecto. Eso no significa que no podamos o no debamos mejorar las cosas, sobre todo mejorarnos a nosotros mismos. Pero al permitir que fructifique el pensamiento de que estaríamos mejor en otro lado, abrimos la puerta para experimentar dolor.

Hoy me acepto como soy

Dios crea seres perfectos, y eso me incluye a mí. He cometido errores de los que me he arrepentido, pero esas faltas no constituyen quien yo soy. Hoy puedo ser quien he sido llamado a ser y mis acciones y pensamientos pueden glorificar a Dios.

Dentro de mi corazón, como dentro de todos los corazones, hay luz que viene de nuestro divino creador. Y eso es lo que soy. Nada de lo que hice yo u otros, de lo que pensé yo u otros puede empañar la luz que vive dentro de mí. Rezo para ver la perfección en los demás porque así podré verla también en mí. Rezo por la fuerza para perdonar a los demás, porque así podré perdonarme a mí mismo. Rezo para amar a las personas, porque así me amaré a mí mismo.

Hoy no caeré en la tentación de la falsa humildad que proclama que no soy suficiente. Soy suficiente tanto como los demás. Que ni mis heridas, ni mis debilidades ni mis errores puedan oscurecer la luz que vive dentro de mí. Más bien, que pueda aceptarme con la misericordia que Dios mismo me ha enseñado. Él crea en cada instante una nueva posibilidad de brillar. A través de Él, por Él y gracias a Él, puedo hacerlo.

Sin importar cuál es el problema, la solución siempre es el amor

No hay más que un problema y una solución. Todos los problemas son desviaciones del amor, y todas las soluciones un regreso a él.

Para cualquier problema que enfrente hoy, buscaré las respuestas dentro de mí mismo. Voy a buscar dentro de mi corazón cualquier falta de amor… falta de perdón… falta de aceptación de mi hermano o de mí mismo. Entonces, seré enaltecido dentro de un lugar de iluminación en donde la sabiduría y la verdad sean mis guías. Allí encontraré las respuestas que busco.

Querido Dios,

permite que hoy no ceda a la tentación
de culpar a los demás.
Yo soy la fuente de mi propia curación
al dejarte que cambies mi mente.
Que tu espíritu me guíe hacia un lugar mejor,
para que mis problemas desaparezcan.

Amén.

El único camino que debo examinar es el mío

Hoy resisto a la tentación de juzgar cómo los otros deberían comportarse. No puedo saber cuáles son las fuerzas profundas que operan en el corazón de los demás. Mi liberación viene de aceptar a todas las personas, no de juzgarlas o controlarlas.

Rezo porque cuando me sienta tentado a hablar o actuar sin caridad, que el espíritu de Dios corrija mis pensamientos. Rezo para ser un instrumento del amor por el cual la gente recuerde su inocencia y por no ser un instrumento de la culpa, por la cual la gente recuerde sus faltas. Hago esto para mi propio beneficio, para que yo también me libere de los sentimientos de culpa que me atan.

Mi trabajo no es examinar el camino de los otros, ni de saber lo que es bueno o malo para los demás, ni tratar de controlar su comportamiento. Mi salvación estriba en aceptar a la gente exactamente como es, para que pueda encontrar la paz interna que la aceptación ofrece. Amén.

Mi verdadero yo es un ser de luz y amor. Hoy puedo ser mi verdadero yo

Hoy recuerdo quién soy en realidad. Soy un hijo de Dios, creado inmutable y divinamente perfecto. Aunque he cometido errores en el pasado, y probablemente haga más en el futuro, acepto que en el momento del error mi espíritu permanece inocente y puro. Perdono a los otros por sus ofensas para ser perdonado por las mías, ya que todos somos luz y todos somos amor.

Hoy resisto a la tentación de castigarme o de condenarme. Todas las faltas son traiciones a nuestro ser, y hoy honro la bondad que es connatural a mi propio ser. Resisto todas las proyecciones del mundo sobre mí para hacerme creer que no soy el hijo perfecto de un Dios amoroso. Así soy capaz de celebrar y verdaderamente disfrutar de mi vida.

Hoy puedo ver más allá del filtro de mi vergüenza y de mi culpa al aceptar que nada de lo que hecho o que pudiera hacer disminuirá la verdadera luz de mi ser. Dios me ha hecho eternamente inocente y decido permanecer en ese espíritu. Habiéndome arrepentido de mis errores, soy libre para recordar que el espíritu de Dios siempre está vivo dentro de mí.

PARA REFLEXIONAR

La promesa del presente

El ser eterno vive en la eternidad, y la eternidad toca el tiempo lineal sólo en un punto: el presente. Por tanto, quien eres ahora es quien en realidad eres. Y quien eres es el mismo amor. Los milagros fluyen de manera natural desde el punto esencial del ser perfecto, renovado por Dios a cada instante. El amor interrumpe el pasado y abre el futuro hacia nuevas probabilidades. Sin importar quién seas, sin importar cuán joven o viejo estés, en el presente todas las cosas son posibles.

La negatividad envenena mi mente
y la positividad la regenera

Tengo la elección de aceptar la oscuridad del mundo, sus juicios insustanciales y la culpa constante. Cuando hago eso inyecto veneno en mi psique. Hoy elijo una mente sana.

Hoy remplazo toda la negatividad con una actitud positiva mediante la cual busque, encuentre y saque lo bueno de cada corazón. Si no estoy de acuerdo con algo, puedo disentir con honor. Si discuto por algo, puedo hacerlo con respeto. Si necesito poner un límite para respetar la justicia, puedo hacerlo con honestidad para la dignidad de todos.

No volveré a ser descuidado con el funcionamiento de mi mente. Más bien voy a usarla como Dios la creó para ser usada, como un conducto para el amor y una puerta para la paz. Que todas las personas, incluyéndome a mí, sintamos la dulzura de mi aprobación y no la dureza de mi juicio.

Hoy dedico mi trabajo a fomentar todas las cosas buenas

Ya sea que me paguen o no, que esté trabajando en el mundo o en mi jardín, hoy dedico lo que hago a enaltecer todas las cosas. Que la actividad de mi mente y el trabajo de mis manos sirvan para sanar el mundo.

Hoy recuerdo que no hay más que una labor: quien soy capaz de ser y hacer lo que soy capaz de realizar para que el mundo sea un lugar mejor. Que mi vida pueda ser usada para crear algo más grande que yo mismo, y sentir el gozo de ser un instrumento divino.

Querido Dios,

hoy dedico lo que soy y lo que tengo
para que el amor me use como un vehículo de su poder.
Ilumina mi mente y acrecienta mi entendimiento,
afina mi personalidad y profundiza mis habilidades
para que todo lo que haga glorifique tu presencia en el mundo.
Así sea.

Amén.

Hoy reconozco el milagro
que está en todas las cosas

¿Qué tan frecuentemente me doy cuenta de los milagros a mi alrededor, o puedo honrar la bondad que recibo o acepto lo bueno de mi vida? Hoy recuerdo que cada día es preciado, que cada corazón lleva en sí el espíritu de Dios y cada acontecimiento contiene la estructura para la realización de un milagro. Que hoy no esté ciego a las maravillas de la vida.

Que queden atrás los días en que daba por sentadas las bendiciones en mi vida. Que mis ojos estén abiertos y pueda ver más belleza; que mis oídos estén abiertos y escuche mi verdad; que mi espíritu esté abierto para sentir la caricia de Dios.

Hoy puedo ver con otros ojos y puedo reconocer los milagros que me rodean. Veo la chispa de luz que rodea las cosas y la búsqueda de amor que está en todos. Veo la inocencia más allá de la culpa y el amor más allá del miedo. Y es así que renazco en la verdad de quien en realidad soy.

Estoy en paz sabiendo que Dios es bueno y que Dios está aquí

A veces busco a Dios, aunque Dios está en mi mente. A veces espero que aparezca la verdad, aunque la verdad está en mi corazón. Y a veces le permito a las apariencias del mundo oscurecer la bondad divina.

Pero no hoy. Hoy sé que no necesito hacer nada ni ir a ningún lado para experimentar el amor de Dios. Porque dondequiera que esté, Dios está más cerca de mí que mi propio aliento, y puedo sentir cómo me envuelven sus brazos. Al saber esto me siento totalmente seguro. Soy bendecido a través de lo que sé.

Que no pueda ser tentado por la oscuridad del mundo para creer que Dios se ha ido o ceder al pensamiento del mundo que me haga dudar del poder del amor. Dios está aquí, el amor es real y estoy en absoluta seguridad. Éstas son las cosas que sé y que no olvidaré. Así sea. Amén.

PARA REFLEXIONAR

Decir sí a los
nuevos comienzos

Todas nuestras células responden a nuestros pensamientos. Con cada palabra, dicha o callada, participamos en el funcionamiento del cuerpo. De hecho, participamos en el funcionamiento del universo. Si nuestra conciencia se vuelve más ligera, entonces todo dentro de nosotros y a nuestro alrededor se vuelve así. Esto significa, claro está, que con cada pensamiento empezamos a recrear nuestras vidas. Al aceptar los nuevos comienzos, empezamos a hacerlos realidad.

Saludo a todos los que encuentro en mi camino con el amor de Dios

Una sonrisa, una pausa considerada o el toque de una mano puede hacer una diferencia en cómo se desarrolla el día de una persona. Deseo ser el canal por el que el amor llegue a todos los que encuentro, para que yo pueda tener una manera de ser más amable y una mayor sensación de paz.

Quiero recordar que todos necesitamos amor, tanto los que lo buscan abiertamente como los que parecen no necesitarlo. Ya sea mostrándolo o escondiéndolo, mis hermanos son como yo, todos con necesidad de comprensión. Que yo sea alguien que puede darla.

Que mi naturaleza egoísta se disuelva, querido Dios, y la compasión tome su lugar. Que cada persona que conozco y en quienes pienso sean bendecidos por el amor que proyecto hacia ellos. Yo recibo lo que decido dar, y hoy elijo dar amor.

El universo desea que yo sea amado. Todo está planeado para mi mayor bien

El universo es la escritura de Dios, con lo cual se organiza a sí mismo y también se corrige a sí mismo. Por medio del amor estoy conectado a un patrón de perfección. Todos los problemas del mundo —desde los más sutiles a los más extremos— se derivan de alguien que perdió la conexión con el amor dentro de su corazón.

Hoy me interno dentro del universo del amor, para habitar en esa matriz milagrosa. En cuanto alineo mis pensamientos y mis acciones con el amor, experimento un mayor bien. Confío en que el universo creará a través de mí mayores dimensiones de paz y alegría.

No sé cómo controlar el universo y tampoco necesito saberlo. El universo está controlado por el amor y sólo por el amor. Fuera de este abrazo amoroso, el mundo se transforma en caos, pero dentro de éste, hay completa seguridad. Hoy elijo el abrazo del amor para reposar mi alma.

En mi alma está grabado el deseo de ser más

Como la flor se inclina hacia el sol, yo me inclino hacia la atracción del espíritu. En mi corazón estoy inquieto, pues sé que he sido llamado para la grandeza de mi verdadero ser. No me permitas quedar atrapado en mis flaquezas.

Hoy recibo ayuda superior conforme trato de alcanzar lo que es posible. Los ángeles en mi nacimiento han anunciado la gloria de quien realmente soy. Un simple gesto hacia ellos, la más mínima invitación para que el espíritu venga y mi mente se vuelva la piedra de toque para los pensamientos que me llevan hacia lo divino.

Rezo por recibir guía y fuerza para llegar a ser la persona que quiero ser hoy y hacer las cosas que añoro realizar. Honro la huella de Dios en mi alma y el deseo de mi corazón de seguir el camino que Él ha abierto frente a mí.

Nunca estoy abandonado ni perdido. Me encuentro seguro en los brazos de Dios

A veces puedo sentirme solo en un mundo peligroso. Puedo haber sido herido por la vida y no sentir el abrazo de un Dios amoroso. En momentos así busco la fe. Un sol dentro de un eclipse no es un sol que permanezca siempre oculto.

Dios nunca se aleja de mí ni rechaza mis plegarias. Su espíritu vive dentro de mi mente para guiarme hacia pensamientos de paz. Nunca estoy sin Su consuelo. No estoy separado de la fuente de mi propia creación.

Pido a mi maestro interno que siempre me recuerde que soy uno con toda la Creación. No estoy separado ni lejos del amor. Inclino mis pensamientos hacia el amor por mí y por otros, para ser liberado del dolor de un mundo lleno de temores.

PARA REFLEXIONAR

La vida como una espiral

De acuerdo con la antigua filosofía asiática, la vida no es un círculo sino una espiral. Cada lección que se te ha presentado (es decir, todo aquello por lo que has pasado) regresará de alguna manera hasta que termines de aprenderla. Y cada vez lo que está en juego será mucho mayor. Lo que hayas aprendido te traerá mayores frutos. Lo que te haya faltado aprender traerá mayores consecuencias. Lo que no haya funcionado en tu vida hasta ahora ha sido una proyección del hecho de que no has integrado aún todas tus partes. En la falta de aceptación de ti mismo, has atraído una falta de aceptación de los demás. Las sombras que todavía no has enfrentado manifestarán en tu vida situaciones oscuras. Las partes rotas en ti han encontrado las partes rotas en otros. ¡Así que ahora lo sabes! Hay un antes y un ahora.

Con cada aliento
respiro el amor de Dios

El amor y el poder eternos están disponibles para mí cuando recuerdo quién soy. Soy un hijo del universo, un pensamiento en la mente de Dios, que siempre está rodeado y sostenido por la sustancia de la mente divina.

Hoy abro mi mente al recordar mi verdadera naturaleza y la naturaleza del universo. Abro mi mente y mis ojos al amor que me rodea. Con cada aliento, bebo la sustancia sagrada que forma parte de todas las cosas.

El día de hoy recuerdo y no olvido que el amor me rodea. Reconozco la presencia del amor en mí y en otros, y respiro en cada aliento todo lo que éste me otorga.

Las celúlas de mi cuerpo
están inundadas de luz

Mi cuerpo es un regalo, permite que realice mi viaje espiritual dentro de la ilusión de tiempo y espacio. Pero esto no es ni mi realidad final ni mi verdadera identidad. Uso mi cuerpo para lo que fue creado: un vehículo para expresar mi amor.

Protejo mi cuerpo de los asaltos de la vida moderna —desde los pensamientos de miedo hasta los contaminantes del medio ambiente—. Lo hago al bañar mi cuerpo con la luz de lo divino, mirando con mi ojo interno el espíritu de Dios mientras penetra en cada célula.

Querido Dios,

te dedico a ti mi cuerpo.
Vierte en él tu espíritu.
Protégelo de las fuerzas del miedo
y úsalo para tus propios propósitos.
Vuelve mi cuerpo un objeto divino.
Así sea.

Amén.

Me perdono a mí mismo, como a Dios le gustaría

Lo que Dios ha creado es eterno, y lo que Él ha hecho de manera perfecta debe permanecer así. Nuestras fallas no destruyen el amor en el que fuimos creados. Aunque he cometido errores, me arrepiento de ellos y acepto que Dios me permite dejar de sufrir sus consecuencias. Su piedad está tejida dentro de la estructura del universo.

Siento la misericordia de Dios cuando la doy a los demás. Hoy voy por un camino más fácil, al no atarme ni a mí ni a los demás a la cruz de la condenación.

Hoy no usaré mi mente para atacar a los que Dios ama. Me arrepiento de los errores cometidos, busco compensar a otros y dejar de ser quien era antes. Que mis acciones ahora se alineen con el amor de Dios dentro de mí. Me perdono, como sé que Él me perdona por todas mis fallas del pasado.

Dejo ir mi mente hacia Dios

Ya que mi mente puede irse en un millón de direcciones distintas, hoy rezo porque vaya hacia el amor. Que las tormentas de mi mente y mi corazón no alberguen más el caos. Que la paz de Dios dentro de mí traigan su fin.

Al buscar poner orden en mi universo, logro calmar las oleadas de la mente. Pongo mi mente en las manos de Dios. Rezo para ser liberado del miedo y conocer el verdadero amor.

Querido Dios,

por favor aplaca las tormentas dentro de mí.
Haz que mi mente esté en paz y tranquilo mi corazón.
Muéstrame el amor que me rodea,
para que mis miedos retrocedan.

Amén.

PARA REFLEXIONAR

Devolver el encanto al mundo

Todos hemos sufrido el adoctrinamiento de que pertenecemos a un mundo desencantado, y hemos sacrificado mucho para vivir aquí. El mundo no es mejor al haber cedido su dulzura. La maldad y el cinismo de nuestra época, el sarcasmo reflexivo que pasa por meditaciones inteligentes, la sospecha y el juicio de todo y todos; son los residuos tóxicos de una manera desencantada de ver. Muchos de nosotros queremos abandonar ese círculo de sufrimiento. No queremos aceptar que lo que hay ahora es lo que debería haber. Queremos romper el velo de la ilusión que nos separa del mundo de las posibilidades infinitas. Queremos otro tipo de vida para nosotros y para el mundo. Estamos considerando que pueda haber otro camino, una puerta para los ámbitos milagrosos que esperan ser descubiertos.

Lo que doy a otros
me lo doy a mí mismo

En nuestro mundo terrenal, lo que desecho ya no es mío. En el mundo espiritual, lo que doy sí lo es. Si doy enojo, recibo enojo. Si doy amor, recibo amor.

Ayúdame a resistir, querido Dios, el deseo de proyectar la culpa sobre los demás. Sólo puedo estar en paz a través de su inocencia. Ayúdame a disentir sin culpar, a compartir sin crítica, a discutir sin demonizar a nadie. Haz que sea un canal de tu amor.

Hoy doy mi paz a los demás para estar en paz. Retiro mis juicios para que dejen de ser míos. Prodigo mi amor para que el amor sea mío para siempre.

Hoy descanso en la suavidad de mi corazón

El ego de la mente me lleva a perderme, a tomar actitudes arrogantes y aires de grandeza. En realidad, mi ser espiritual, mi ser humilde, me hace brillar y atrae mi bien.

En mi modesto lugar puedo ser fuerte, ya que el poder de Dios actúa a través de mí. Mientras la arrogancia esconde mi belleza, la humildad la hace visible. En mi humildad, me retiro y dejo a Dios brillar a través de mí.

Hoy descanso en la suavidad de mi corazón y en ese lugar soy enaltecido. El universo registra el poder en mí al cederle a Dios todo mi poder.

Que mi mente sea hoy
una piedra de toque

Que hoy pueda ser divinamente programado para concebir pensamientos muy creativos, positivos, sugerentes y beneficiosos. No declino mi responsabilidad personal ni cedo mi poder a cosas que están fuera de mí; más bien, tomo mi mayor compromiso al pedirle a Dios que transforme mi mente en una piedra de toque de *su* amor.

Al pensar con amor, creo con Dios un espacio para avances milagrosos. Hoy camino hacia delante con confianza al pedir que mi mente sea usada para propósitos divinos.

Pido que el espíritu de Dios se integre en mi mente, reacomodando todas las falsas pretensiones y transformándolas en orden divino. Que las pretensiones erradas de mi mente se disuelvan en la presencia del amor infinito para mí y para otros.

Amén.

Mi objetivo de hoy es la iluminación

El viaje hacia la iluminación es un viaje de la mente: desde la mirada sobre el cuerpo hasta la mirada sobre el espíritu, desde un sentido limitado del ser hasta un sentido ilimitado del ser, desde un sentido de separación hasta un sentido de unidad con todas las cosas, desde la culpa hasta la bendición y desde el miedo al amor.

Esta travesía de la mente y del corazón —que no siempre es fácil pero siempre es milagrosa— cambia todos los aspectos de mi vida. Transforma mi sistema nervioso, mi energía y el estado interno de mi ser. Provoca variaciones en mi comportamiento y en cómo otras personas se refieren a mí.

En cuanto la iluminación se vuelve mi objetivo, mi vida tiene la libertad de transformarse. Dejo ir el apego por las pequeñas cosas, permitiendo a mi mente ser guiada hacia niveles más altos. El miedo se disuelve y mi amor fluye sin freno. Me siento redimido y cambiado.

PARA REFLEXIONAR

El despertar

Si quieres creer que lo que tus ojos físicos pueden ver es todo lo que existe, pues muy bien, créelo. Quédate en la pequeña franja de realidad que puedes percibir si así lo eliges. Pero en algún punto, incluso en el momento de la muerte, todos sabemos que hay algo más. He visto a cínicos que se han transformado en místicos ya en su lecho de muerte. Estamos aquí como si viviéramos sólo inmersos en un sueño material pero a partir de él la naturaleza espiritual de nuestra mayor realidad nos está constantemente llamando para que despertemos. El mago, el alquimista, el hacedor de milagros es simplemente alguien que despertó de las ilusiones materiales del mundo y ha decidido vivir de otra manera. En un mundo que se ha vuelto loco, podemos elegir estar sanos. Para que nosotros podamos movernos y nuestra civilización vaya hacia la nueva fase evolutiva, es necesario que todos despertemos.

El camino espiritual
es mi único camino

Hoy recuerdo que cada acontecimiento de mi vida es parte de mi viaje espiritual. Cada momento vivido es un momento de mi camino espiritual que me invita a ascender a una versión más alta de mí mismo.

Que la gracia, la compasión, el entendimiento y el amor sean los sellos de mi personalidad, ya que constituyen la esencia de mi verdadero ser. Que el cielo pueda bajar a la tierra hoy a través de mi.

Querido Dios,

hoy deseo
ser la persona que quieres que sea.
Dejo en ti mis ilusiones.
Por favor, fortaléceme allí donde soy débil
y cúrame donde se encuentran mis heridas.

Amén.

Que hoy sea una influencia positiva para quienes me rodean

Cada pensamiento que tenemos, cada palabra que decimos, cada acción que tomamos tiene un efecto en el universo. Otras personas pueden sentir lo que pensamos, sean conscientes de ello o no.

Dejar nuestra vida en manos de Dios es la mayor responsabilidad que podemos tomar, ya que Dios no está fuera sino dentro de nosotros. Al darle a él nuestras vidas, oramos porque su amor se mueva a través de nosotros como una luz para el mundo entero.

Querido Dios,

por favor, úsame.
Usa mis manos y usa mis pies.
Usa mis pensamientos y usa mis acciones,
para que pueda ser un vehículo de tu amor.
Que a través de mí tu paz pueda llevar paz a todo el mundo.

Amén.

Permíteme ser guiado por la sabiduría de mi corazón

Nuestros ojos físicos no registran la verdad más profunda de quiénes somos, ni de lo que pasa o qué significan las cosas. Existe, sin embargo, un ojo interno cuya apertura es el propósito de nuestras vidas.

Hoy voy a ampliar mi percepción más allá de lo que mis ojos ven. Al inclinarme hacia el amor detrás del velo de las apariencias, invoco a un mundo que está más allá. Mis ojos se abrirán hacia una verdad mayor.

Hoy el mundo exterior no va a cegarme. La mirada exterior no va a guiarme. Busco la visión verdadera para que realmente pueda ver.

Amén.

Hoy doy fe de la agonía del mundo, orando para ser usado como una fuerza de curación

No me permitas olvidar hoy el sufrimiento inútil de tantas personas. Yo no vivo dentro de este sufrimiento, pero doy fe de su existencia con un corazón compasivo.

Que hoy no ceda a la tentación de considerar sólo mi propio dolor, minimizando el dolor de los demás. Que hoy no me pierda en el egoísmo más insidioso. Al ponerme al servicio de la sanación del mundo, adquiero más perspectiva y una consciencia más poderosa.

Querido Dios,

hoy recuerdo a quienes el mundo ha olvidado:
quienes han sido torturados,
quienes han sido oprimidos,
quienes están perdidos y no sienten el amor a su alrededor.
Que el amor que les mando
ayude a realizar milagros en sus vidas.

Amén.

PARA REFLEXIONAR

Nuestro verdadero padre/madre

Podemos dejar ir el drama de nuestra infancia al redefinir de quién somos hijos. Claro está que somos producto de nuestra familia de origen. Pero ¿quién es ésta exactamente? ¿Nuestros parientes mortales o los inmortales? Es una distinción importante porque heredamos las riquezas de quien creemos que ha sido nuestra fuente. Heredamos limitaciones y miedos de nuestros padres mortales, pero también milagros y amor de Dios. Nuestros padres terrenales pudieron ser gente maravillosa, o bien, unos sinvergüenzas, pero la realidad es que no fueron quienes nos crearon. Superman sólo fue criado por unas personas muy amables de Kansas. Entender que Dios es nuestro verdadero padre/madre y toda la humanidad son nuestros hermanos y hermanas nos permite una actitud mucho más respetuosa hacia nuestra familia biológica y eso también nos hace más capaces para recibir la herencia de Dios.

Hoy doy mi vida a Dios

Hoy no voy a agobiarme al pensar que necesito dirigir el universo. No necesito controlar a nada ni a nadie. Sólo necesito mostrarme en mi excelencia y con el corazón.

Dejo todo al Dios que vive dentro de mí. Cada carga y cada decisión la dejo en sus manos. Al hacerlo seré llevado a la luz divina por medio del pensamiento y la acción. El universo se ordena a sí mismo para mi beneficio.

Qué maravilloso es por fin relajarse y dejarse ir en los brazos de Dios. No es un cuello tenso, sino un corazón suave lo que me llevará a tomar el rumbo adecuado. No olvidaré confiar hoy en Dios.

Hoy no seré falsamente humilde

La manera de pensar del mundo está al revés, y una de las formas como nuestros pensamientos se invierten es mediante la arrogancia y la humildad. Para mí no es arrogancia, sino verdadera humildad, aceptar que el poder de Dios está dentro de mí. Más bien, sería arrogante pensar lo contrario.

Muchos de mis problemas han surgido porque he decidido jugar a lo pequeño, negando el poder de la mente, el poder de mi amor y mi propio poder para hacer milagros. Nací con alas espirituales y la intención es que pueda utilizarlas. Así que hoy no seré falsamente humilde, sino que me apropiaré de todas las formas del poder del amor y del perdón que hacen milagros en mi vida.

Hoy reconozco que mientras acepto que mi poder es el mismo que el de los demás, se trata en efecto del poder de Dios dentro de mí. Mediante el poder de mi amor, construyo el camino que va de la oscuridad hacia la luz para mí y todos los que me rodean.

Amén.

No necesito probar nada a nadie. Soy bendecido como hijo de Dios

No necesito compensar por ninguna deficiencia que yo pueda tener, porque no hay carencias en los hijos de Dios. Me siento completo como un ser espiritual; no necesito hacer nada para aumentar lo que ya es perfecto.

En cualquier momento en que presumo por alguna razón, soy menos radiante. En cualquier momento en que me siento humilde, soy radiante con el amor y el poder de Dios. Hoy voy a mantenerme humilde y seguro en los brazos de Dios.

Querido Dios,

por favor, quita la armadura que he puesto a mi corazón,
y todas las otras barreras de mi amor.
Quita mis inseguridades,
y recuérdame cuál es mi valor intrínseco.
Que no ceda a la tentación de engrandecerme,
ya que sólo me empequeñecería y disminuiría mi gozo.

Amén.

Me enfrento a circunstancias limitantes con pensamientos ilimitados

Mientras el mundo es cambiante, la verdad no lo es. Que no pueda yo ser tentado por el drama del mundo hasta olvidar la paz eterna de Dios. Que pueda aferrarme a la verdad de quien en realidad soy y de cómo funciona el universo, sin importar lo que el mundo pueda decir.

En un universo donde sólo el amor es real, no necesito ceder ante los ataques del miedo. Allí donde hay carencias en el mundo material, yo declaro la infinita abundancia del universo espiritual. Donde hay discordia y conflicto en el nivel material, yo declaro que el amor nos hace uno.

Hoy enfrento los límites con el pensamiento centrado en las posibilidades ilimitadas. Cualquier cosa que suceda, recuerdo que los milagros son posibles más allá de las circunstancias. Yo declaro el milagro, rezo porque se manifieste y me regocijo en él.

Amén.

PARA REFLEXIONAR

Las preferencias de tu vida

Mira tu vida con cuidado ahora. Si hay algo que no te gusta en ella, cierra los ojos e imagina la vida que quieres. Ahora céntrate con tu ojo interno en la persona que necesitarías ser para tenerlo. Nota las diferencias en cómo te comportas y te presentas; quédate algunos segundos en la nueva imagen, proyectando tu energía en este nuevo molde. Conserva la imagen por otros segundos más y pide a Dios que la grabe en tu subconsciente. Haz esto cada día durante diez minutos más o menos. Si compartes esta técnica con otras personas, es posible que te digan que les resulta demasiado simple. En ti está elegir lo que quieras creer.

Querido Dios,

por favor, graba en mí
la visión de lo que puedo ser.
Revélame la mejor vida posible
para que yo viva.
Desátame de mis ataduras
para que pueda servirte mejor.

Amén.

En Dios todo es posible

No existe ninguna dificultad en los milagros. Ninguno es más difícil que otro. Con Dios, todo es posible. Y yo soy uno con Dios.

Tan sólo podemos tener lo que nos permitimos tener. No voy a cerrar los ojos hoy y luego quejarme de la oscuridad. No voy a perderme los milagros al negar que existen. Estoy abierto para recibir las bendiciones que la fe en el amor me otorga.

Que hoy no cierre mi mente. Estoy abierto a las posibilidades de la infinita posibilidad. Estoy abierto al bien ilimitado que el universo tiene para mí. Sé que en Dios los milagros son infinitos y están dirigidos a mi persona.

El tiempo y el espacio son los sirvientes y no los amos de quien soy

Soy un ser espiritual, no sólo carne. El espíritu no es el sirviente, sino el amo del mundo material. Conforme recuerdo quién soy, me pongo bajo las leyes del mundo espiritual.

En el mundo espiritual sólo existe la abundancia, sólo bien, sólo paz y sólo amor. Al recordar que el espíritu es mi verdadera identidad y mi verdadero hogar, me distancio de los límites del mundo material.

Hoy nada me retiene. Al ver más allá del plano tridimensional, invoco al mundo del otro lado. No hay nada que mi santidad no pueda realizar. Ni el tiempo ni el espacio son más poderosos que Dios, ya que sólo Él es el Rey del universo.

Hoy no culpo a nadie

Yo puedo elegir entre mirar la culpa de una persona, o bien, su inocencia. Es mi elección si quiero limitar la percepción que tengo de alguien solamente a su cuerpo, o dejarme ir hacia el conocimiento de que la inocencia está en todos.

La elección que haga determina la experiencia de mí mismo y, por tanto, también del mundo. Si veo culpa en otros, me sentiré culpable. Si dejo ir mi apego por las culpas de los demás, me sentiré liberado.

Dios no necesita que vigile *su* universo. Sólo quiere que yo pueda perdonar.

Querido Dios,

por favor, quita de mi mente
cualquier tendencia a juzgar
a los que amas,
ya que sé que nos amas a todos.

Amén.

No hay límite a mi potencial, porque con Dios soy ilimitado

En cada uno de nosotros hay un potencial ilimitado, tanto como lo tienen los demás. Hoy acepto esta situación con humildad y gracia.

Dios es grandioso y se encuentra vivo dentro de mí. Hoy me abro para recibir su espíritu, su sabiduría y su poder. Que no me limite con ningún pensamiento que indique que soy menos de lo que Él me ha creado.

Hoy me esfuerzo por ser la encarnación del amor de Dios. Aunque a veces pueda fallar, sé que su espíritu siempre me guiará a regresar a la verdad que vive dentro de mí. Que cualquier paso que tome sea un paso hacia el amor.

PARA REFLEXIONAR

Aceptar lo que es importante

Pasamos tanto tiempo haciendo cosas poco importantes —cosas que al final no tienen mucho significado— y, sin embargo, por razones que nadie puede entender del todo, esas cosas poco esenciales son una parte central de nuestra existencia. Aunque no tienen conexión alguna con nuestras almas, se han incrustado en nuestro funcionamiento en el mundo material. Como parásitos espirituales, estas cosas se alimentan de nuestra fuerza vital y nos quitan la alegría. La única manera de evitar sus efectos perniciosos es irse… no de las cosas que necesitan hacerse, sino de los pensamientos que necesitan desaparecer.

Cruzar el puente hacia un mundo mejor comienza con cruzar el puente dentro de nuestras mentes, desde los patrones mentales adictivos del miedo y la separación, hasta las percepciones más espirituales de la unidad y el amor. Tenemos el hábito de pensar con miedo; se requiere mucha disciplina para dar un giro y alejarse del mundo donde el amor resulta más sospechoso que el miedo. Para lograr esta experiencia milagrosa de la vida, necesitamos adoptar una perspectiva más espiritual. De otro modo, dejaremos esta tierra un día sin haber conocido la verdadera alegría de vivir.

Al permitirme ser quien en realidad soy, desato mi poder como hijo de Dios

No es lo que hago sino lo que soy lo que genera mi poder en esta tierra. Mi poder no proviene de una fuente terrenal; mi poder viene directamente de Dios.

Conforme me relajo cada día al aceptar que mi sabiduría tiene una raíz espiritual, mi verdadera identidad se revela. Me alineo con la verdad de mi ser, con mi hogar divino y desde ese lugar todo el bien surge. Cada pensamiento, cada sentimiento, cada acción se baña con la luz y la gloria de Dios.

Descanso al saber que no necesito hacer nada para incrementar mi valor personal. Estoy en Dios tanto como Dios está en mí. Encuentro tranquilidad y poder al dame cuenta de que esto es así.

Al escoger el amor, elimino el miedo

Hoy veré lo que he elegido ver. Si elijo ver culpa, entonces ésta debe estar ahí; sólo que entonces no veré la inocencia. Si elijo ver inocencia, entonces ésta debe estar ahí; y entonces no veré la culpa. Podré comprender, pero no juzgaré.

La percepción que tenga será mi elección, y hoy voy a pretender que tengo poder antes de decidir. Acepto que cada percepción es una elección y hoy elijo ver el amor.

Que mi mente sea disciplinada hoy, para distinguir el amor bajo las culpas del pasado. Que pueda ver la inocencia pura y verdadera tanto en mí como en el resto de las personas. El amor es mi poder para invocar la manifestación de lo que elegí ver.

Que hoy pueda ver la belleza que me rodea

Con frecuencia estoy tan perdido en mis ilusiones que no veo la belleza del mundo, ni escucho su música ni siento el amor. Hoy elijo estar consciente de todo esto.

Con cuánta frecuencia me escondo de las hermosas manifestaciones que me rodean. Desde las bellezas de la naturaleza hasta la ternura de la amistad, los milagros del mundo desaparecen de mi vista sin que realmente los haya apreciado. Hoy no será así.

Hoy me rindo a la evidencia de que el mundo es un lugar maravilloso. No voy a dormirme ante los milagros que me rodean. Acepto lo que el mundo tiene que ofrecerme y doy gracias porque es así.

Que Dios pueda usarme hoy

El amor salvará el mundo, pero sólo si somos capaces de expresarlo. Que todo lo que haga hoy sea una expresión del amor de Dios. Que yo pueda ser hoy un canal del amor. Con cada pensamiento amoroso, creo un milagro. Cada vez que retengo el amor, lo hago desaparecer.

Querido Dios,

usa hoy mis manos y mis pies,
mis palabras y mis acciones.
Usa lo que soy y lo que hago
para que pueda ayudarte a sanar el mundo.

Amén.

PARA REFLEXIONAR

Dar a luz a nuestro ser espiritual

No es fácil dar a luz a nuestro potencial espiritual. El parto espiritual puede ser arduo: se requiere un instante de santidad por cada paso cuando nos damos por vencidos, cuando renunciamos, cuando nos ablandamos, cuando no nos importa si tenemos razón o dejamos ir la impaciencia, cuando nos distanciamos de las opiniones y premios del mundo y, finalmente, nos quedamos en manos de Dios. Pero al final el resultado es el amor en nuestras vidas. Así comenzamos a sentirnos más cómodos dentro de nosotros, menos cargados con la angustia crónica que marca los tiempos en que vivimos. Al fin comenzamos a sentirnos libres de las heridas del pasado, con la posibilidad de amar otra vez sin miedo. Comenzamos a adquirir la madurez y energía que antes faltaba a nuestra personalidad. Una nueva energía emana de quienes somos, y los otros también pueden notarlo.

Hoy llamo al amor

Es importante que hoy recupere mi terreno. Hoy admito la sabiduría. Admito la integridad. Admito la honestidad. Admito la compasión. Admito la claridad. Admito el perdón. Admito el amor.

Que éstas no sean sólo palabras, sino el campo de mi propia experiencia. Que haga acopio de mi fuerza interna y lleve la vida para la que fui creado.

Que hoy no sea tibio, sino más bien profundamente comprometido con los principios en los que creo. ¿Quién soy yo para quedarme en la tibieza cuando Dios me ha llamado para lo grande? Que hoy no olvide la importancia del terreno que piso.

Que hoy tenga la fuerza de perdonar a quienes me traicionaron

No todo mundo me ha mostrado amabilidad o compasión, pero aun así puedo elegir. Que no me quede atrapado en las traiciones del pasado, sino que permita que el perdón me libere.

Perdonar algunas cosas no significa tolerarlas. Simplemente dejo en las manos de Dios todo lo que no puedo arreglar. Bendigo a quienes me traicionaron, ya que sólo aceptando su inocencia puedo ver la mía.

Querido Dios,

estoy dispuesto a ver más allá de la culpa
que me esconde la luz de mi hermano.
Necesito, sin embargo, tu ayuda
porque mi dolor ha sido grande.

Amén.

Hoy quiero un corazón más grande

Que hoy no sea guiado por una mente estrecha ni obstaculizado por un corazón miserable. Que no sea limitado por falsas creencias ni dominado por pensamientos perniciosos.

Hoy quiero un corazón más grande para tener un alma más libre. Que todos aquellos que se cruzan en mi camino o piensan en mí sean conscientes de que son amados.

Querido Dios,

expande hoy mi corazón.
Aclara mi mente y aumenta mi amor
para que sea como tú.

Amén.

El amor está siempre preñado
de una maravilla latente

La vida siempre está renovándose. El universo es infinitamente creativo y nunca para de arreglar oportunidades para el amor.

Sin importar lo que pasó un momento antes, el presente es siempre un nuevo comienzo. La mente de Dios acomoda el tiempo y el espacio de acuerdo con nuestra voluntad de amar. Nada en el mundo puede parar el poder creativo del universo.

Permite que no olvide que el universo siempre está creando oportunidades, siguiéndome cuando decido amar. Al abrir mi corazón, la vida se renovará a sí misma a través de mí. Me sorprenderé al ver lo que nace de mi corazón.

Amén.

PARA REFLEXIONAR

La alquimia de la
transformación personal

No es sino hasta que enfrentamos la oscuridad —en nosotros y en el mundo— que comenzamos finalmente a ver la luz. Es la alquimia de la transformación personal. En medio de la noche más oscura y más larga, cuando nos sentimos más humillados por la vida, la sutil sombra de nuestras alas comienza a aparecer. Sólo cuando confrontamos los límites de lo que podemos hacer empezamos a darnos cuenta de lo ilimitadas que pueden ser las acciones de Dios. Mediante la profundidad de la oscuridad que acecha nuestro mundo se nos revela la magia de quiénes somos en realidad. Somos espíritu, con lo cual somos más que el mundo. Cuando recordamos esto, el mismo mundo se inclina hacia nuestro recuerdo.

Que otros puedan pensar con compasión hacia mí y yo piense con compasión hacia ellos

Cuántas veces se me ha recordado la compasión de Dios hacia mí, a pesar de que cometía errores una y otra vez, y se me permitía empezar de nuevo. La compasión de Dios está tejida en la estructura del universo.

Que yo pueda mostrar compasión hacia otros como otros han mostrado compasión conmigo. Que pueda aceptar generosamente la capacidad de cometer errores del ser humano. Por ello, que otros perciban en mí la caridad y compasión de alguien que finalmente ha comprendido.

Querido Dios,

que no retenga a otros
la compasión que has mostrado hacia mí.
Que no les recuerde a otros sus errores
sino que sea un espacio
donde la gente se sienta libre para empezar de nuevo.

Amén.

Hoy seré un amigo
para mí mismo

Nadie me aceptará si no soy capaz de aceptarme antes. Cuando alguien me rechaza, me doy cuenta de que me he rechazado primero. ¡He estado esperando la aceptación de alguien más para probarme que yo valía la pena! Al no aceptarme no me muestro en la totalidad de mi ser al encontrarme con los demás. Y por supuesto sufría su rechazo.

Hoy voy a ser leal conmigo mismo. No negaré mis debilidades, pero seré leal… y amable… y tolerante. Me aceptaré a mí mismo con granos y todo. Otros verán mi bondad cuando yo la vea con anterioridad.

Nadie sabe mejor que yo el infierno por el que he pasado. No voy a maltratarme más cuando sé todo lo que he sufrido. Hoy seré mi amigo.

Dios nunca me olvida

Siempre está sucediendo algo bajo la apariencia de las cosas. Las partes se reacomodan. El amor se muestra. La vida se reafirma.

Soy parte del universo. Formo parte del tejido de la existencia divina. Hay un impulso natural dentro de mi alma hacia un bien cada vez mayor.

Querido Dios,

siempre estás guiando mi vida
hacia un mayor bien.
Ayúdame a recordar que soy uno contigo
y a no separarme nunca.
Ayúdame a dejarme ir
para que pueda conocer un mayor gozo.

Amén.

Hoy tomaré mi propio camino

Puede ser que no le guste a todo el mundo. No todos ven las cosas como yo, ni sienten como yo, ni piensan como yo. Pero considerar que debería ser así me causa dolor.

Buscaré vivir mi verdad auténtica, sin importar que esto me lleve a un camino solitario. No trataré de "encajar" hoy en la multitud, sino que entenderé cuál es el camino personal que debo emprender.

Querido Dios,

déjame encontrar cuál es tu voluntad para mí,
y que no sea tentado por la voluntad del mundo.
Que sólo pueda oír tu voz.
Que pueda ver la senda que tú quieres que yo tome,
y pueda emprenderla sin miedo.

Amén.

PARA REFLEXIONAR

Reconocer nuestra fuente

De acuerdo con *A Course in Miracles (Un curso de milagros)*, el problema que tenemos es de "autoría". Al no reconocer nuestra fuente divina, nos expresamos como creaciones del mundo antes que como creaciones del espíritu. El mundo ha grabado en nuestra psique la fragmentación y el dolor. No se puede curar nuestro dolor hasta que no podamos remediar nuestro errado sentido de herencia: somos hijos de Dios. No permitamos que la falsa información de un mundo desgastado nos afecte como hasta ahora.

La confusión sobre nuestra herencia divina se traduce en una confusión sobre nosotros mismos: al no entender quiénes somos realmente o de dónde venimos, nos es difícil entender quiénes somos y dónde estamos ahora. Con lo cual nos falta estabilidad espiritual. En la ausencia de entendimiento sobre quién es el divino creador, la mente asume que nosotros somos nuestro creador y por tanto nuestro propio Dios. ¡Si Dios no es el Gran Jefe, entonces el Gran Jefe debo ser Yo! Y ese pensamiento —de que nosotros somos lo máximo— no es meramente narcisismo. Es una psicosis que permea la condición humana.

Al recordar la verdad de dónde venimos, nos volvemos más abiertos para aceptar la verdad de quiénes somos.

Pongo mi mente
al servicio de Dios

Cuando pensamos sin amor, no estamos pensando en lo más mínimo. Los pensamientos poco amorosos no son sino ilusiones. Necesito estar despierto hoy para acceder a verdades más auténticas y al amor más allá de mis miedos terrenales.

Hoy elijo de manera proactiva poner mi mente al servicio de Dios, para experimentar los milagros que sólo el amor puede hacer. Que no sea tentado a olvidar mi función como mensajero del amor para todas las personas.

Querido Dios,

por favor, envíame tu espíritu para iluminar mi mente.
Que todos mis pensamientos me lleven al amor
y lejos del miedo.
Que el amor ilumine mi camino hoy.

Amén.

Hoy reclamo
el poder del amor

Que pueda aferrarme al amor cuando me sienta tentado por el miedo. Que pueda recordar que no hay nada que el amor no pueda lograr. No existe sentimiento, circunstancia, situación o relación tan llena de miedo que el amor no pueda transformar. Hoy reclamo el poder del amor.

Que mi mente esté tan llena de amor que su poder dentro de mí me sea natural. Yo ejerzo mi poder de hacer milagros en gracia y humildad.

No existe situación alguna que mi amor no pueda transformar, si veo a los otros con ojos de perdón. Yo reclamo el poder que el amor transmite, para librar al mundo del miedo y llevarlo al amor. Hoy no sólo creo en el amor; reclamo su poder como si fuera mío.

Mi poder más grande es el poder de cambiar mi vida

Sin importar lo que esté pasando, sólo yo puedo determinar lo que entra en mi mente. Puedo escoger creer en milagros. Puedo escoger tener fe en la bondad de los demás sin importar cómo se expresen.

Al hacer esto, desarrollo el poder de mi mente espiritual. Desarrollo el poder de invocar el mundo que deseo se materialice. Cuando creo en la bondad de las personas, es más probable que sean bondadosos. Cuando creo en la posibilidad de que se den milagros, es más probable que los experimente. La ignorancia espiritual de la mente mundana no me disuadirá hoy.

Que hoy pueda ver más allá del velo de las apariencias e invocar lo milagroso. Que pueda ver más allá de lo probable sabiendo en mi corazón lo que es posible. Hoy ejercito el poder de la mente espiritual.

Hoy no tengo miedo
de mostrar el amor

A veces tengo miedo de mostrar mi amor, mi vulnerabilidad, mi miedo porque creo que puedo ponerme en peligro. Pero en realidad es un triste malentendido, ya que sólo cuando muestro mi amor soy realmente visto.

Sólo bajando la guardia aparezco frente a los otros en la luz de mi verdadero ser. Sólo en mi suavidad puede manifestarse mi dulzura. Sólo en mi desprotección puedo encontrar mi verdadera seguridad. Rezo por ser una versión más gentil de mí mismo.

Querido Dios,

quita las paredes que construí alrededor de mi corazón.
Quita las barreras que obstruyen mi amor,
para que pueda darlo y recibirlo.
Quita mis miedos, para estar en paz,
y compartir mi paz con todos.

Amén.

PARA REFLEXIONAR

Envejecer

Si no ejercitamos nuestros cuerpos, nuestros músculos comienzan a atrofiarse. Y si no ejercitamos nuestras mentes, nuestras actitudes comienzan a atrofiarse. Nada constriñe más nuestras experiencias vitales que la contracción de nuestros pensamientos. Eso limita nuestras posibilidades y nuestra alegría. Todos hemos visto gente que envejece en la tristeza; también a otros que lo han hecho en la alegría. Ahora es el momento de envejecer con gozo, dándonos cuenta de que la alegría de la juventud es buena, pero no es la única. De hecho, también existe la alegría de saber que después de todos estos años, finalmente, hemos crecido.

Hoy mando mi amor a todas las personas

Conforme enfrento cualquier situación, pido que mi amor llegue a ella incluso antes que yo mismo. En cada habitación en la que entro se manifiesta mi explosión de amor.

Así mi vida es bendecida y las fuerzas del caos se quedan a raya. Proyecto luz sobre todas las cosas para que la oscuridad no permanezca en ellas. Llamo proactivamente al amor que expulsa todos los miedos.

Dirijo mi mente hacia lo milagroso, al mundo más allá de éste y a la alegría que allí fluye. Que cada pensamiento que tenga penetre el velo que esconde la luz. El amor es la mayor fuerza para el bien.

Elijo permanecer en el universo del amor

Puede que encuentre hoy muchas razones para molestarme, para enojarme, para juzgar o culpar a los otros o a mí mismo. Puedo quedarme en esa situación, o bien, elegir de nuevo.

Hay otro mundo, más verdadero, donde sólo existe la paz. Nadie es culpado, juzgado o atacado, ya que el amor se usa para curar todas las heridas. No necesito quedarme en el universo de la oscuridad; puedo permanecer en el universo del amor.

Que mi mente no se pierda hoy en los caminos de la oscuridad, sino que permanezca en el campo de la luz. Que no ceda a la tentación de atacar a mi hermano o atacarme a mí. Que pueda aferrarme al amor.

Hoy veo la inocencia
más allá de la culpa

El perdón es un "recuerdo selectivo", una decisión consciente de centrarme en el amor y dejar ir el resto. El ego es implacable y tratará de convencerme de manera sutil e insidiosa de la culpa de mi hermano. Pero hoy no escucharé la voz del ego.

Que el espíritu de Dios me libre de la tentación de juzgar, de encontrar faltas, de criticar. Que sea salvado de mi tendencia a condenar. Que mis ojos se abran a la inocencia de todos.

Sólo cuando veo la luz en los otros recuerdo que también está en mí. Sólo al proyectar luz a los otros estoy en paz conmigo mismo. Sólo por medio del perdón soy libre.

Hoy me pongo al servicio del amor que todo lo sana

No hay nadie que merezca más que yo llevar el manto de la paz y el poder de Dios. No hay nadie más especial o menos especial que yo, ya que todos somos uno.

Hoy acepto el manto del amor de Dios para que me sea puesto sobre los hombros y me transmita *su* poder. Que otros puedan encontrar en mí un descanso para sus almas, conforme el amor de Dios parte de mí para llegar a todos los seres y hacerles sentir la paz.

Acepto con humildad la paz de Dios que me ha sido otorgada, para ser un canal a través del cual Dios la otorga a todo el mundo. Me pongo al servicio de su amor que todo lo sana y rezo porque será usado de la mejor manera y la más elevada.

PARA REFLEXIONAR

La santidad de un
momento de tranquilidad

Hay una manera de relajarse en el centro de nuestro ser, dejando que otros tengan sus opiniones y sabiendo que nuestro ser es aún más radiante cuando está en un espacio de total calma. Cuando el ego se retira, el poder de Dios avanza. Cuántas veces nos sentimos invisibles si no hacemos un comentario genial o alguna otra cosa. Pero tenemos mucho más poder cuando estamos en profundo silencio. Al hacer una respiración profunda y al saber que lo que no decimos es más poderoso que lo que decimos —o bien, al pensar antes de hablar— permitimos que esas acciones dejen un espacio para que el espíritu fluya y las circunstancias se armonicen en direcciones más positivas. ¿Cuántas veces sentimos que echamos algo a perder por hablar de más, y luego nos hubiera gustado no hacerlo?¿O por presumir, cuando pudimos habernos quedado tranquilos y parecer más interesantes?

El espíritu de Dios siempre revela la verdad si no bloqueamos *su* guía. Y lo hacemos al hablar primero, antes de que aparezca la verdad. Esto pasa cuando forzamos las cosas, porque no tenemos fe en un orden invisible tras de ellas. Es por ello que un instante sagrado tiene tanta importancia: es un momento de quietud cuando el espíritu entra y arregla todas las cosas.

Sólo en mi mente

existe el pasado

Sólo en mi mente existe el pasado. Hoy pido perdón por los errores de mi pasado y perdono a otros por los suyos. Así me libero de las consecuencias de un modo de pensar y de actuar equivocado.

Hoy permanezco en el presente eterno. En cualquier momento soy libre para recomenzar mi vida. No me retienen las faltas de mi pasado y pido perdón por ellas en mi corazón. Al liberarme de las cadenas del pasado, dejo que el futuro tome otro camino.

Que el amor en mi corazón rompa los patrones del pasado. Dejo ir el futuro al soltar el pasado, sabiendo que el amor hará que todo salga bien. Al permanecer totalmente en el presente, suelto el pasado y el futuro para estar en un mejor lugar.

Libero al universo de mis esfuerzos por controlarlo

No puedo controlar el universo, aunque a veces actúo como si pudiera. El universo está diseñado para funcionar correctamente desde un punto de vista divino, y mis esfuerzos por controlarlo sólo interrumpen el plan de Dios.

Hoy dejo las riendas que nunca han sido mías. No trataré de controlar el mundo en ningún nivel y de ninguna manera. Libero a todas las personas y las cosas de las trabas de mi propia voluntad.

Cuán diferente puede ser la vida si dejo ir, permitiendo al universo que realice su danza sin mi constante interferencia. Hoy suelto los pensamientos que me hacen creer que sé lo que es mejor para mí, para el mundo o para todos los que lo habitan. Me relajo al aceptar los patrones de un universo divinamente orquestado, pidiendo ser guiado hacia el mejor lugar para mí, donde pueda servir a la voluntad del amor.

Mientras permanezca en su servicio, estoy en el flujo del amor de Dios

El principio organizador de toda vida es el servicio. Cada célula sirve para el funcionamiento del organismo de la que es parte. El sol sirve a la vida al compartir su calor y su luz. La lluvia sirve a la tierra al derramar agua sobre todo lo que crece. Las plantas sirven a la vida al darnos oxígeno y comida.

Nosotros también encontramos nuestro lugar en el universo cuando servimos a la vida. Mientras enfrente cada situación con el objetivo principal de servir, de ser usado en el fomento de la bondad y el amor, encontraré mi lugar y mi paz.

Que todo lo que piense y haga sea al servicio de un amor más alto. Que mis objetivos personales se realicen bajo el deseo de servir. Que no pueda ser tentado a creer que servir significa sacrificio. Que siempre recuerde que a quien de verdad sirvo es a mí mismo.

Dios es la luz en mi camino

Siempre hay más en una situación de lo que a simple vista parece. Cada persona lleva dentro la semilla de Dios y cada condición de tiempo y espacio lleva en sí el potencial para un desarrollo milagroso. No es lo que pasa fuera sino lo que vemos desde dentro lo que determina nuestra gracia en cualquier situación, y la alegría que deriva de ella.

Veo las cosas con los ojos del mundo o los ojos del amor. Uno produce oscuridad, mientras el otro produce amor. Hoy elijo la vida y el amor.

Que las manos de Dios se posen sobre mis hombros para sentir su amor. Que la luz de Dios se cierna sobre mi visión para ver las cosas como en realidad son.

PARA REFLEXIONAR

El verdadero perdón

El verdadero perdón no es falta de discernimiento o producto de un pensamiento confuso. Es un "recuerdo selectivo". Escogemos recordar el amor experimentado y dejamos ir lo demás como la ilusión que realmente es. Esto no nos hace más vulnerables a la manipulación o la explotación; de hecho, es todo lo contrario. La mente que perdona es una mente que se acerca más a su verdadera naturaleza. El perdonar no significa que el otro "gana". Eso no significa que "se ha salido con la suya". Tan sólo significa que estoy libre para regresar a la luz, reclamar mi paz interior y quedarme ahí.

Dejo que Dios sane mi tristeza

Cuando la tristeza me invade, no puedo salir de ella con mi mente racional. No puedo analizar la depresión y resolverla. Hay momentos en que me hace falta un milagro para ver más allá de mis lágrimas.

El día de hoy, o cualquier día cuando esté vencido por la pena, recordaré que Dios seca todas las lágrimas, incluyendo las mías. El periodo de tristeza es doloroso, pero temporal. Esto también pasará. Así nos lo ha prometido Dios, y *sus* promesas son reales.

Querido Dios,

por favor, quita la tristeza de mi corazón.
Manda tu espíritu para reacomodar mis pensamientos,
y que mis emociones sanen.
Haz que mi vida sea de nuevo un lugar feliz.

Amén.

Que hoy mi corazón sea guiado hacia la compasión

Hoy recuerdo que todos cometemos errores. Que hoy no sea duro sino magnánimo, y muestre compasión a otros, como Dios ha sido compasivo conmigo.

A veces todos vivimos en el miedo. Que hoy sea más amable de lo que he sido; que todos los que me rodean —todos lo que se levantan y todos los que caen— sientan el amor que brota de mí como de un amigo.

Quienes me mostraron su compasión han sido ángeles en mi vida, creando un espacio en el que me levante cuando he caído. Que yo también pueda dar ese espacio y otorgar la compasión recibida.

Amén.

Hoy busco amar a quienes no me agradan

Como todo el mundo, tengo prejuicios, opiniones sobre quienes no comparten conmigo su visión del mundo. Mi incapacidad para amarlos ha sido mi contribución al miedo que asola el planeta. Hoy busco amar a quienes no acepto.

Dedico mi día a bendecir a quienes no me agradan, sabiendo que si los conociera como Dios los conoce, los amaría como Él los ama. No pido que ellos cambien, sino verlos con mayor claridad. Que su inocencia se vuelva obvia para mí.

Querido Dios,

estoy dispuesto a ver el amor
en quienes no consigo aceptar.
Estoy dispuesto a ver la inocencia en quienes juzgo
y la belleza en aquellos que condeno.
Por favor, sana mi mente de su propia oscuridad.

Amén.

Hoy reclamo ser uno con Dios

Cuando no estoy en paz, separo de mi verdadero ser. Cuando no siento el amor, estoy separado de Dios. Hoy reclamo ser uno con Dios para terminar mi sufrimiento.

Que los fractales falsos e ilusorios de mi verdadero ser —el enojo, la necesidad, el control y otras más— se replieguen hacia la nada a que pertenecen. Todo eso no soy yo, y hoy me entrego a la experiencia de mi verdadero ser.

Que los ángeles me rodeen y recuerden la verdad de quien realmente soy, así como la inocencia que forma parte de los otros. Que no sea tentado por las falsedades del mundo al punto de olvidar que soy uno con Dios.

PARA REFLEXIONAR

Empezar de nuevo

En un momento dado, el universo está preparado para darnos vida nueva, comenzar de nuevo, crear nuevas oportunidades, curar milagrosamente todas las cosas, cambiar la oscuridad por luz y el miedo por amor. La luz de Dios brilla eternamente clara, sin ser mancillada por nuestras ilusiones. Nuestro trabajo es respirar hondo, tranquilizarnos, dejar atrás los pensamientos de pasado y futuro y permitir al espíritu brillar en nuestra conciencia. Dios no se amedrenta con nuestras pesadillas de culpa; Él siempre está despierto hacia nuestra belleza. Él nos ha hecho así.

El ego no tiene fuerza
frente al poder de Dios

Más allá de mis ilusiones y de las estridencias de mi ego, existe una paz inmutable, imperturbable dentro de mí. En ella están las respuestas a todas mis preguntas y el fin de todos mis miedos.

El día de hoy, incluso en momentos cuando no encuentro esa paz, me lleno de poder al recordar que existe. Mi fe atravesará todas mis ilusiones como la pequeña flor que rompe el cemento. Las ilusiones caerán y la paz prevalecerá en mi vida y en el mundo.

Querido Dios,

a pesar de que los pensamientos de mi mente
escondan tu luz hoy,
por favor, enséñame lo que necesito ver.
Creo en tu poder,
y creo en tu amor.
Que hoy experimente
aquello en lo que creo.

Amén.

Renuncio a mis apegos
por las pequeñas cosas

Sé que hice ídolos de muchas cosas, creyendo que me darían alegría. Sin embargo, sólo la experiencia de quien en realidad soy, en mi propio hogar dentro de mí mismo, puede traerme la paz que busco.

Renuncio a mis apegos por personas y lugares, riquezas y prestigio, que mi ego me dice son mi valor. Pero yo sé que mi valor está en Dios. Que hoy no caiga en la tentación de olvidar que la luz dentro de mí está más allá de esos valores. No dejaré de recordar esto.

Querido Dios,

sana mi mente
de las falsas creencias de que necesito más
que el recuerdo del amor.
Que los juguetes del mundo
no me lleven a olvidar
lo grande que eres.

Amén

Hoy soy enormemente poderoso, porque el poder de Dios está en mí

Mi poder no es algo que pueda revelarse en un momento posterior. Mi poder en el mundo es un resultado de mi decisión para manifestarlo. Soy poderoso en el momento en que decido serlo, ya que Dios está en mi mente.

El poder de Dios es mi poder para sanar. Al dejar mis pensamientos al amor, el poder de Dios se mueve a través de mí y me vuelvo un sanador. Me transformo en un líder cuando me vuelvo un seguidor de la luz de Dios dentro de mí.

Que el poder de Dios se mueva hoy a través de mí y me haga el poderoso representante de su amor en la tierra. Que mi ser inferior pueda ser expulsado y su iluminación brille por medio de mi personalidad y se revele a través de mí.

Hoy arrojo luz sobre mis problemas

Alineo mi pensamiento con la mente de Dios, al ser uno con el amor. En Dios todo es posible y mi mente es parte de la mente de Dios. Que hoy pueda cocrear con Dios los milagros del amor.

Lo que parece ser un problema es sólo un sitio donde el milagro espera para aparecer. Verteré mi amor sobre todos mis problemas para que el amor de Dios se mueva a través de mí y los resuelva. Yo dependo de los milagros, ya que no hay límites a lo que el amor de Dios puede hacer.

Querido Dios,

*pongo en tus manos
cada problema que tengo,
y sé que será resuelto.
Los milagros ocurren naturalmente para ti, querido Dios,
y sé que me están destinados.*

Amén.

PARA REFLEXIONAR

La fe

Mi corazón late, mis pulmones respiran, mis oídos oyen, mi pelo crece. Y yo no tengo que ocuparme de esto, funcionan por sí mismos. Los planetas dan vueltas alrededor del Sol, las semillas se vuelven flores, los embriones se transforman en bebés, y todo sin mi ayuda. Su movimiento forma parte del sistema natural. Y yo también lo soy. Puedo dejar que mi vida sea guiada por la misma fuerza que hace crecer las flores, o creer que puedo hacerlo yo solo.

La confianza que pongo en la fuerza que mueve el universo es la fe. La fe no es ciega, sino visionaria. La fe consiste en creer que el universo está de mi lado y sabe lo que hace. La fe es la conciencia psicológica de la proyección de una fuerza operando constantemente en todas las dimensiones. Mis esfuerzos para dirigir esta fuerza tan sólo interfieren con ella. Mi voluntad para confiar en ella le permite trabajar en mi beneficio. Sin fe, trato desesperadamente de controlar lo que no me concierne, y arreglar lo que no está en mi poder. Aquello que trato de controlar funciona mejor sin mi ayuda, y es imposible que arregle lo que está fuera de mi alcance. Sin fe, simplemente pierdo el tiempo.

En el universo espiritual
todos somos uno

Más allá del mundo donde nuestros cuerpos están separados, existe un mundo de unidad espiritual. En los niveles más verdaderos, no existe la posibilidad de que donde termina una persona empieza otra.

Que hoy vea más allá del velo de las apariencias un mundo de unidad y verdad. No hay paredes que nos separen, no hay conflictos reales. Sólo existe el amor que nos une y nos hace uno con Dios.

Querido Dios,

que vea más allá de las paredes
que parecen separarme de otros.
Que desarrolle mi amor
más allá de las ilusiones de culpa y error.
Que nada esconda la verdad de mi unidad
con todos y todo.

Amén.

Hoy elijo ver inocencia
y no culpa

Los ojos del cuerpo encuentran culpa en todos lados. Sólo el corazón ve siempre inocencia.

Lo que elijo percibir en los demás lo fortalezco en mí. Si considero que alguien es culpable, me sentiré más culpable. Si los veo como inocentes, me sentiré más inocente. En palabras del libro *A Course in Miracles (Un curso de milagros)*, "Una idea nunca abandona su fuente". Cada vez que alguien depende de cómo pienso en ellos, decido lo que veré en mí.

Que pueda nulificar el miedo al darme cuenta del amor dentro de todos. Que mi ego sea tranquilizado por un coro de ángeles. Así adquiero el poder de hacer milagros y mi propia paz interior. Sólo al ver la belleza en los otros la veo dentro de mí.

Al centrarme en el
amor, mi miedo cederá

Veo en la vida lo que escojo ver, ya que las proyecciones preceden a la percepción. Al centrarme en algo, su contrario cede dentro de mi conciencia.

Si busco cosas positivas, no notaré lo negativo. Si busco lo negativo, no notaré lo positivo. La visión de un mundo de amor se da, debilitando la visión de un mundo de miedo, y la visión de un mundo de miedo debilita la visión de un mundo de amor. Ésa es la ley que rige la percepción.

Querido Dios,

que mis percepciones se purifiquen.
Que mis ojos vean el amor con claridad
para que el miedo desaparezca de mi conciencia.
Que una visión de paz
revele el verdadero mundo para mí
y todo lo demás se desvanezca.

Amén.

Hoy elijo ser quien quiero ser

Quién y cómo fui ayer no tiene una conexión inherente con quién y cómo decido ser hoy. Mi presente no lo determina mi pasado, a menos que así lo escoja. En cualquier momento, sin importar las circunstancias, puedo escoger de nuevo. Puedo elegir la fuerza sobre la debilidad, y el amor en lugar del miedo. Bendecir en lugar de culpar y deslizarme suavemente hacia el futuro en lugar de arrastrar el pasado.

Los límites del ayer no tienen poder sobre las posibilidades ilimitadas de hoy, ya que en Dios todo es posible y en Dios todo está programado para ser perfecto. Me pongo a disposición de este momento, dejando que el espíritu de Dios ilumine mi corazón.

Querido Dios,

que el momento presente sea un momento de santidad,
en el que no brille nada
sino tu luz dentro de mi mente
y que se expanda a través de mí.

Amén.

PARA REFLEXIONAR

Sobre tomar decisiones

El espíritu es la parte de nuestra mente que permanece en contacto consciente con Dios: por eso dejamos confiadamente todas las decisiones en *sus* manos. El ego se encuentra en un tiempo lineal y no conoce el futuro; el espíritu, sin embargo, permanece en la eternidad y por lo tanto *sí lo conoce*. Él no sólo sabe lo que pasará, sino también cómo cada decisión afectará a cada ser viviente para siempre. Imagina una computadora infinitamente compleja que pudiera analizar cada situación y dar un reporte, hasta el más mínimo detalle, de lo que pasaría si sucede una cosa o si sucede otra. Nosotros no podemos ver el reporte, pero recibimos instrucciones sencillas sobre cuál es la mejor manera de actuar y llegar al mejor resultado para nosotros y los demás. Las instrucciones pueden venir de una forma simple como un *flash* de intuición, o como un complejo proceso de crecimiento y entendimiento que se desenvuelve lentamente dentro de nosotros.

Mi verdadero ser es un imán para el bien

Mi ego me dice que puedo hacer buenas cosas en mi vida, pero sólo si trabajo duro. Entonces trato de descifrar y entender, pero al final me encuentro con la pérdida y el fracaso.

El espíritu dentro de mí es mi salvación, como el imán que atrae las cosas para que se alineen con el orden divino. Sólo Dios es la luz que me permite ver, la intuición que me da claridad y la energía que me arranca del miedo. Dios es el poder por el cual puedo levantarme.

Dejo ir mis esfuerzos por tratar de arreglar el mundo.
Más bien busco la paz en Dios.
Mi reino terrenal tomará su sitio una vez que mi reino interno se llene de luz.
Que yo pueda llenarme de ti, querido Dios.
Y solamente de ti.

Amén.

Mi vulnerabilidad me hace invulnerable

Las defensas, las paredes emocionales y la rigidez no sirven para protegerme. Más bien, son una invitación para que las respuestas condicionadas que llevan a la soledad y al miedo vengan a aquejarme.

Al permitir mi propia vulnerabilidad permito que los que me rodean puedan amarme, honrarme y reconocer todo lo que nos une. Hoy abro las puertas de mi corazón para que el amor se apresure a encontrarme.

Querido Dios,

por favor, derriba las paredes que esconden mi corazón.
Que pueda ver la gentileza en los demás,
y que ellos vean la gentileza en mí.
Que mi ternura sea mi fuerza
y tu compasión mi guía.

Amén.

Mi cuerpo es una creación de mis pensamientos; le mando amor y luz

Hoy elimino el estrés del mundo que daña mi cuerpo físico. A lo largo del día le mando amor y lo lleno de la luz de Dios.

Con cada pensamiento, me uno al amor que cura mi cuerpo. Cultivo la salud de mi cuerpo al orar porque pueda ser usado como vehículo del amor de Dios. Que cada célula se inunde de luz.

Querido Dios,

dejo mi cuerpo en tus manos
y pido porque sea usado como un canal de tu amor.
Que cualquier impureza en mi cuerpo o alma
sea limpiada por tu médico divino
y que ni el padecimiento ni la enfermedad queden en él.

Amén.

No me dejes desalentarme por las rudezas del camino

El viaje hacia la iluminación no es siempre fácil. Sólo dejo a Dios mi propia oscuridad. Ese proceso puede ser doloroso, pero es el dolor que lleva hacia la paz.

No me dejes desalentarme por las rudezas del camino. La vida espiritual no es siempre tranquila, y las relaciones espirituales no siempre son fáciles. Soy un peregrino que va hacia el gozo, y mantendré el destino que sigue mi corazón.

Querido Dios,

*por favor, manda tus ángeles a guiarme
para hacer mi recorrido hacia la libertad del ser.
Mientras mi ego torturado da gritos de dolor
al sentir su propia desaparición,
que recuerde que la muerte del ego
es el nacimiento de mi verdadero ser.*

Amén.

PARA REFLEXIONAR

Llevar luz al mundo

Dios y el hombre son el mejor equipo creativo. Dios es como la electricidad. Una casa puede tener algunos cables, pero si no tiene las instalaciones de luz necesarias, ¿de qué sirve eso? Si Dios es la electricidad, nosotros somos su lámpara. No importa el tamaño de ésta, ni su forma o diseño. Lo único que importa es que pueda ser conectada. No importa quiénes seamos o cuáles sean nuestros dones. Lo único que se necesita es que estemos dispuestos a ser usados en *su* servicio. Nuestra voluntad, nuestra convicción nos da un poder milagroso. Los servidores de Dios llevan la huella de su Señor.

Las lámparas sin electricidad no proyectan luz, y la electricidad sin lámparas tampoco funciona. Sin embargo, juntas pueden destruir las tinieblas y llevar luz al mundo.

Hoy recuerdo que ya estoy completo

No necesito crear un yo perfecto, ya que Dios me ha hecho así. No hay ningún hoyo que deba llenar. No me falta nada, pues estoy completo en Dios.

Lo único que necesito es recordar quién soy: soy un hijo de Dios, eternamente inocente e invariablemente puro. Mientras alineo mi personalidad con la verdad de mi espíritu, la luz brilla a través de mi ser. A este proceso dedico hoy mi vida.

Querido Dios,

> *por favor, quita las lágrimas*
> *que esconden mi amor,*
> *la oscuridad que esconde mi luz*
> *y los defectos que esconden mi belleza.*
> *Purifica mi pensamiento,*
> *para ser un reflejo en la tierra*
> *del amor que es divino.*

Amén.

No me atemorizo ante el dolor
de la transformación

Mi ego evita el dolor y no mira de cerca sus propias raíces. Hoy elijo ver honestamente la persona que he sido, cómo me he comportado y cómo he contribuido a los problemas que han plagado mi vida.

Un momento de crisis puede ser un momento de crecimiento, ya que el ser herido se prepara para la transformación. Desde la crisálida de mi dolor, forjo mi curación: las alas de mi ser recién nacido.

Querido Dios,

me preparo para ser mejor,
enfrentando las maneras
en que no he sido lo que debería.
Quédate conmigo mientras resisto el dolor
de mi propia humillación
y surjo perdonado
por ti y por mí.

Amén.

Hoy elijo el amor en lugar de la ira

Mi ira es un arrebato del miedo de mi ser, como un niño que necesita cariño y sólo yo puedo dárselo. No puedo esperar a que los otros vean el dolor bajo mi enojo. Suavizar mi comportamiento es mi responsabilidad.

Permitir que salga mi enojo es un acto de autosabotaje, ya que aleja el amor que tanto necesito. Si hoy me siento tentado a expresar mi cólera, rezaré para que un milagro me libere. Estoy comprometido con el amor como una manera de sanar cualquier cosa que me saque de mi camino.

Querido Dios,

por favor, elimina mi ira
ya que no es una expresión de mi verdadero ser.
Muéstrame el amor
que está detrás,
para que pueda dárselo a otros.

Amén.

Hoy me comunico con la gracia y el amor

Cuando busco expresarme, soy responsable de su efecto. Es mi responsabilidad, y sólo mía, saber comunicarme para atraer a los demás hacia mi corazón.

Estoy consciente de que hay maneras de hablar y maneras de comportarse que causan miedo en lugar de amor en quienes me rodean. No es la labor de los demás saber quién soy en realidad, yo soy quien debe dejárselos claro. Si quiero que los otros vean el amor dentro de mí, debo mostrárselo.

Querido Dios,

ayúdame a afinar mi personalidad
para que mi amor sea claro para todos,
mi suavidad no se esconda a nadie,
y mi bondad pueda siempre expresarse.
Ayúdame a encontrar una manera amable
de comunicar mis pensamientos.

Amén.

PARA REFLEXIONAR

Dar a Dios

Dios me ha dado identidad, y eso nadie puede quitármelo.

Dios me ha transmitido un potencial infinito, y eso nadie puede quitármelo.

Dios me ha dado la oportunidad de cambiar mi manera de pensar en un instante, y eso nadie puede quitármelo.

Dios me ha dado la capacidad de amar, y eso nadie puede quitármelo.

Dios me ha confiado el poder de vivir en la luz de *su* abundancia en todo momento, y eso nadie puede quitármelo.

Dios me ha ofrecido todo eso. Así que hoy me pregunto, ¿qué puedo darle yo a Dios ahora?

Hoy profundizo mi devoción por el amor

No es el empuje de mi influencia sino la profundidad de mi devoción lo que determina el valor que tengo para el mundo. Conforme mi búsqueda de Dios se vuelve más honda apresurando mis pasos hacia el amor, tengo un efecto en el mundo debajo de todo lo visible para el ojo humano.

Busco alzarme para alcanzar las cosas más importantes, ya que así cambiaré desde dentro y tendré más valor para mí y para otros.

Querido Dios,

hoy te busco en todas las cosas.
Que escuche la llamada del amor en los otros
y vea el amor que se esconde detrás.
Que mi ojo interno pueda abrirse
al mundo más allá del mundo
que veo con mis ojos físicos.

Amén.

Recibo cada momento como una oportunidad para un milagro

Hay oportunidades infinitas dentro de la naturaleza del universo. No es la falta de oportunidades, sino mi manera de desviarlas lo que obstruye el flujo de milagros en mi vida.

Hoy le pido a Dios quitar de mi camino las cosas que me tientan a rechazar el bien. Que hoy no actúe a partir de mis heridas, sino que éste sea un día de curación. Que Dios elimine mis defectos de carácter y los remplace con las características de mi ser inmortal.

Querido Dios,

por favor elimina
toda falsedad e ilusión dentro de mí.
Que sea un ejemplo brillante
de una persona
al fin libre del miedo.

Amén.

Deja todos tus problemas en manos de Dios

Sin importar cuál sea mi problema, la solución perfecta existe en la mente de Dios. Mi trabajo no es sentirme abrumado por el asunto, sino tener disponibilidad para recibir la respuesta. Mis preocupaciones sólo retrasan la solución al reflejar mi falta de fe en ella. Hoy estaré tranquilo al saber que cada respuesta, cada curación y cada solución están ya en camino.

El universo se corrige a sí mismo y yo soy un hijo del universo. Los milagros se dan según la naturaleza de cada problema, sin embargo, son tanto mi fe como mi compasión los que hacen que sucedan. Que mi mente pueda ser un canal para el amor y la fe, para que mis problemas puedan resolverse.

Querido Dios,

en ti está la respuesta a cada pregunta
y la solución a cada problema.
Pongo mi mente ansiosa
en tu cuidado
y rezo por la calma
con la cual recibiré tus respuestas.
Así sea.

Amén.

Pongo mi tristeza en las manos de Dios

Sólo al vivir la tristeza aprendo de ella y adquiero mayor profundidad. Con frecuencia mi tristeza es mi maestra, conforme dejo atrás sus causas.

Hoy no voy a anestesiarme a mí mismo o a distraerme con el dolor que es difícil pero importante. Más bien, miraré con los ojos muy abiertos las cosas que han atraído la tristeza y me comprometeré a cambiarlas.

Querido Dios,

por favor, toma mi tristeza
y elimina las causas.
Revélame lo que necesito ver
para dejar de estar triste.

Amén.

PARA REFLEXIONAR

La plegaria del señor

A cada instante el universo está listo para comenzar de nuevo. El único punto donde se intersecta el tiempo de Dios con el lineal es el momento presente; los milagros no suceden en el pasado o en el futuro, sino en el *ahora*. A cada instante Dios derrama *su* amor por mí, con oportunidades infinitas de renovación y renacimiento. Dios siempre está diciendo: "Aquí está la gloria del universo. ¿La quieres? Ven y tómala porque es tuya."

Así que le decimos al universo durante toda la eternidad, momento tras momento tras momento: Dios, tú que estás en el reino de la verdad, que *tu palabra* sea todopoderosa en mi mente. Que el mundo en que vivo refleje la realidad del amor. Que pueda tener tus pensamientos y manifestarlos. Que hoy pueda recibir lo que necesito. Que mi camino se despeje, conforme limpio mi corazón para abrirlo a los demás. Y cuando sienta la tentación del miedo, sea guiado otra vez a tus pensamientos amorosos: que el amor sea mi experiencia y mi poder; que el amor sea mi felicidad y mi paz a lo largo de mi día.

Padre nuestro, que estás en los cielos, santificado sea tu nombre. Venga a nosotros tu reino, así en la tierra como en el cielo. Danos hoy nuestro pan de cada día, y perdona nuestras ofensas como nosotros perdonamos a los que nos ofenden. No nos dejes caer en tentación y líbranos del mal. Porque tuyo es el reino, el poder y la gloria, por los siglos de los siglos. Amén.

Hoy esperaré menos de los demás y más del universo

Hoy no me aferraré a personas o cosas que necesito para mi bienestar. Más bien, recordaré que en Dios ya tengo todo.

Al permitir que las personas y las cosas sean lo que deben ser, el universo responderá poniendo mi corazón y mi mente en el lugar adecuado. Conforme dejo que todo siga su naturaleza, todo será maravilloso.

Querido Dios,

por favor elimina mi necesidad de aferrarme
y que mi mente no busque el control
tanto de gente como de acontecimientos,
sino que vea todo con amor.
Entonces, y sólo entonces, mi mundo se transformará
de la oscuridad a la luz
y del miedo al amor.

Amén.

No me dejaré afectar por la opinión de los demás

Dios me ha hecho bueno y a sus ojos soy hermoso. Si otros no pueden ver mi belleza no es porque no exista. Yo, como todos los demás, soy bueno en mi corazón.

Conforme recuerdo mi inocencia y tengo fe en la bondad, no me dejaré llevar por las creencias de otros. Mientras otras personas proyecten su sombra sobre mí, la verdad permanece en la luz. Me aferro hoy a Dios, para verme como Él me ve. Que *su* mirada sobre mí y *su* guía sean el faro que sigo.

Querido Dios,

*aunque otros estén convencidos
de mi culpa,
que yo recuerde la inocencia
en que fui creado.
Es tu luz
y tu consejo
lo que busco para guiarme.
Por favor, recuérdame quién soy.*

Amén.

Hoy siento la brillantez de mi cuerpo

Tengo un cuerpo hecho de carne y un cuerpo hecho de luz, el cuerpo de mi ser mortal y el de mi ser inmortal. Hoy siento la brillantez de mi cuerpo hecho por Dios, y casa de mi verdadero ser.

Cada célula está llena de luz. Ni la enfermedad ni la compulsión penetran en el escudo que las bendiciones de Dios hacen para mí. Mi santidad es la llave tanto para mi salud mental como para mi salud física. Soy elevado sobre el cuerpo de mis tristezas y entregado a mi cuerpo de gozo.

Querido Dios,

te entrego mi cuerpo.
Transforma cada célula en amor y luz,
así sólo tu perfección
estará dentro de mí.

Amén.

Cuando estoy tranquilo en mi interior, el caos no me toca

Conforme dejo el caos del mundo por un lugar de paz interna, mi tranquilidad trabaja para disolver el caos. No temo las tempestades del mundo mientras permanezca en paz dentro de mí.

La paz eterna de Dios es el lugar donde estoy, mientras navego sobre las arenas cambiantes del tiempo. El mundo siempre se transforma, pero Dios dentro de mí es inmutable. Soy amado, estoy a salvo, soy bendecido y protegido. Conforme veo a los demás y les deseo estas cosas, también las experimentaré dentro de mí mismo.

Querido Dios,

que mi mente conozca tu paz
y no flaquee.
Que mi corazón conozca tu amor
y no se desvíe.
Que me encuentre en ti
y te expreses por medio de mí,
sin importar lo que ocurra.

Amén.

PARA REFLEXIONAR

El universo se organiza a sí mismo

El universo se organiza y se corrige a sí mismo.

La mano invisible que hace que mi corazón lata y mis pulmones respiren funciona dentro de niveles multidimensionales que no sólo arreglan los extraordinarios procesos físicos que nos mantienen vivos, sino también todo lo que experimentamos: intuiciones, relaciones, encuentros improbables, momentos creativos, enamoramientos, emociones y conciencia, y los sucesos extraordinarios.

El universo es, en realidad, un milagro después de otro, un golpe de genio seguido de otro golpe de genio en un flujo ininterrumpido de oportunidades para que la vida siga. Y la naturaleza no está limitada por el llamado mundo natural. Es tan extraordinario estar sentado con alguien en el autobús como que mi hígado purifique mi sangre. El universo es intencional. Nada sucede por accidente.

La diferencia entre el mundo natural y tú y yo es que tú y yo podemos decir "no". El embrión no tiene elección de ser o no ser un bebé; la semilla no elige ser o no un roble; ni el capullo ser o no una flor. Tú y yo tenemos una elección: ser neurótico o sabio, duro o gentil, de culpar o perdonar. Y nuestra elección no sólo determina quiénes seremos en el mundo, sino también las experiencias que tendremos en él.

Que todos mis encuentros
sean sagrados

Hoy veo cada encuentro como algo sagrado, bendiciendo cada persona que pasa junto a mí o en quien pienso. Que una luz divina brille desde mi corazón y bendiga a todos los seres vivos. Que mi presencia en la tierra sea una piedra de toque para el amor de Dios.

Pongo mis relaciones en las manos de Dios y rezo para que sean usadas por Él.

Que cualquiera que llegue a mi presencia sienta la curación del bálsamo de paz. Que mis pensamientos y acciones manifiesten el amor que llena el corazón de Dios y el mío.

Querido Dios,

por favor, usa mis encuentros
para incrementar tu amor.
Que puedan ser una bendición
para todos los involucrados.

Amén.

Hoy dejo ir todo lo que no es importante

No me sentiré afectado por un mundo que exalta lo insignificante. Reclamo mi mente para la luz de la verdad, haciéndola impenetrable a los ataques de lo trivial.

Hoy no permito que mi tiempo se pierda ni me pierda a mí. Rezo para tener la disciplina mental y emocional, darme cuenta y actuar sólo en lo que es importante e ignore el resto.

Querido Dios,

por favor, mándame tus ángeles
para proteger mi mente
y mantener a raya
todos los pensamientos triviales.
Dedico este día a cosas importantes
y me pongo a su servicio con todo mi corazón.

Amén.

Lo que determina mi día no es tanto lo que hago, sino lo que soy

Me centro en el amor de mi corazón, que sea como un rayo de luz adonde quiera que voy y para las personas que encuentro en mi camino. No necesito preocuparme por lo que debo hacer y qué debo decir, ya que el espíritu de mi ser verdadero guiará mis pensamientos y acciones.

Mi función más importante y mi misión mayor es en todo momento ser la persona que soy capaz de ser, llevando el amor de Dios que vive en mí a todo el mundo. Así podré brillar y ser radiante, y sentir la alegría de mi verdadero ser.

Querido Dios,

hoy me entrego
a ti,
para encontrarme y ser
quien realmente soy.

Amén.

Todo lo que sucede hoy es parte del plan divino

Todo lo que sucede es parte de un proceso educativo misterioso en el cual soy guiado a situaciones que constituyen mi mayor aprendizaje. En cada momento elijo ser una versión más hermosa de mí mismo, para aprender mediante la alegría.

He sido invitado a entrar al juego de la vida en un nivel más alto, para ser fuerte donde he sido débil, ser curado donde actué a partir de mis heridas, prodigar amor donde lo he retenido. Así este día servirá a los propósitos de Dios que operan en mi vida.

Querido Dios,

te entrego todo lo que pase hoy
cada encuentro y cada incidente
para realizar tus propósitos en mí y en otros.

Amén.

PARA REFLEXIONAR

El cáncer como metáfora

Una célula cancerosa es una célula que se volvió loca. Se desconectó de su inteligencia natural. Olvidó que debe colaborar con otras células, que existe para servir al sano funcionamiento de un sistema del cual forma parte. Se separó del órgano que la naturaleza le asignó para congregar a otras células tan enfermas como ella y construir su propio reino en un mundo aparte. El falso reino, es decir, el tumor maligno, busca protegerse al hacerse más grande. Sin embargo, así no sólo amenaza al portador, sino a sí mismo.

Ésta no es sólo una descripción de las células de mi cuerpo. Es una descripción de un modo de actuar maligno de la raza humana, separado de nuestra inteligencia natural. Esta malignidad emocional amenaza a toda la humanidad tanto como el cáncer amenaza al cuerpo. Nuestra enfermedad es la falsa creencia de que estamos separados unos de otros, separados de Dios y de cualquier cosa y cualquiera que no forme parte de los beneficiarios selectos de nuestra bondad. Esta distorsión del verdadero sentido de nuestro ser es un cáncer que puede llevar a la destrucción de nuestra especie. Su poder está en hacernos olvidar nuestra función como colaboradores para promover el sano funcionamiento de un todo del que formamos parte. Conforme regresemos a nuestro ser natural, seremos sanados en nuestro cuerpo y en nuestro mundo.

Que hoy pueda participar
en el trabajo divino

Hoy no busco formas en que la vida pueda servirme, sino en cómo yo pueda servir a la vida. Me pongo al servicio de la creatividad infinita de Dios, rezando para ser el lápiz con el cual Dios escribe y el pincel con el que pinta.

Que todo el trabajo de Dios sea impulsado hoy por las elecciones que hago. Dejo de lado mi búsqueda por las pequeñas cosas y participo libremente en la gloria de su creación.

Querido Dios,

que mis pensamientos y acciones
ayuden a apoyar hoy
un trabajo más grande que el mío.
Que todo lo que soy
y todo lo que haga
sea un canal para todas las cosas buenas.

Amén.

Hoy elijo la luz y me alejo de la oscuridad

Sé que hay una fuerza dentro de mí que me atrae hacia la luz; y, sin embargo, hay otra fuerza que compite para mantenerme en la oscuridad. Que el amor de Dios expulse el miedo que habita mi conciencia, ya que no hay competencia cuando el amor tiene el poder.

Elegir a Dios incrementa *su* poder para disolver mi miedo y mi sufrimiento. Hoy escojo vivir en la luz del perdón y del amor, para que la oscuridad desaparezca.

Querido Dios,

que hoy mi mente se llene de luz
para que la oscuridad no entre.
Que mi amor sature mis pensamientos
para que el miedo no permanezca.

Amén.

Hoy no me resistiré
a mi propio crecimiento

Cuántas veces no parece más fácil resistirse al llamado de un mayor desarrollo y quedarse en la oscura crisálida del ser que rehúsa salir de lo estrictamente suficiente. Hoy elijo no quedarme en lo mínimamente bueno, sino responder al llamado de lo extraordinario.

No todas las lecciones son divertidas mientras suceden, y por momentos me resisto al crecimiento con uñas y dientes. Pero hoy permanezco abierto al milagro de la transformación, sabiendo que al entrar en un nuevo ámbito del ser, el amor vendrá en mi ayuda. El espíritu borrará los patrones del miedo que saboteó mi pasado.

Querido Dios,

derrota al miedo que me ata
y llévame a las mayores alturas.
Estoy listo y dispuesto a escalar la cima.
Sé que sólo tú
desatarás mis pies.

Amén.

Hoy doy vida
a mi ser superior

No es fácil dar vida a mi potencial espiritual. La labor del espíritu puede ser muy ardua, a cada paso, cuando me entrego y no me importa si estoy en lo correcto, cuando renuncio a la impaciencia y me alejo de las opiniones y los premios del mundo y simplemente me quedo en los brazos de Dios.

Hoy elijo seguir la ruta del ser iluminado, para que la iluminación venga a mí. Haré lo mejor que pueda para tomar la senda más amable y dejar que mi corazón me guíe.

Querido Dios,

que tu espíritu
nazca hoy en el mundo
a través de quien soy y lo que hago.
Y que otros también puedan sentirlo.

Amén.

PARA REFLEXIONAR

Hacer del amor el límite

Los vectores de probabilidad para los próximos veinte años son perturbadores. La humanidad es como el Titanic que va hacia el témpano de hielo; ya sea que éste sea una catástrofe climática por el calentamiento global, un desastre nuclear por el uso abusivo de este tipo de energía, o por una escasez de alimento y del suministro de agua. Si lo vemos sólo desde un punto de vista racional, puede argumentarse que con toda probabilidad, de una u otra manera, la suerte está echada.

Pero tenemos más de un punto de vista para mirar: la perspectiva espiritual no sólo amplía la calidad de nuestra visión, sino la cantidad de nuestras elecciones.

Ésta es la invitación que nos hace este momento de la historia: salir de los confines de lo limitado, de lo mecánico y del pensamiento basado en el miedo que domina nuestra civilización. La raza humana ha llegado a una encrucijada: pensar y actuar como siempre, y por tanto cosechar las consecuencias de una manera de ser irresponsable, o aceptar el mayor reto de la vida en la Tierra, hacer de nuestro amor el nuevo límite, y así crear los milagros que nos salvarán de nuestra conducta autodestructiva.

Que hoy no pierda
de vista el amor

Vivimos en el mundo que queremos ver; que hoy no pierda de vista el amor. Si leo sobre la guerra, también recuerdo las posibilidades de la paz. Si veo a alguien sufrir, que no olvide a todas las personas que puedo ayudar. Que la esperanza y la fe en otras posibilidades para el mañana informen mi visión de hoy. Veré el miedo, pero trabajaré para el amor y el miedo cederá.

Que hoy recuerde el reino del amor que se encuentra tras el velo del mundo, y no caiga en la ilusión del miedo que domina la tierra. Mi corazón permanece abierto al sufrimiento del mundo, pero también a su alegría. Así puedo ser un mensajero del gozo, sabiendo que siempre está ahí.

Hoy la santidad es mi refugio

Al aprender a ir más despacio gano poder sobre un mundo que va demasiado aprisa. La vida que quiero no surgirá a velocidad electrónica sino de la santidad dentro de mí. Sólo entonces experimentaré el mundo como un lugar que refleja mi alma.

Hoy busco la tranquilidad de la presencia de Dios, sin importar la agitación del mundo que me rodea. Primero en el ámbito de mi ser interior y luego, conforme avanza el día, buscaré quedarme en un lugar sagrado.

Querido Dios,

que tu manto de santidad
me envuelva hoy
y me brinde calor desde dentro de mí.
Que la calidez de tu presencia
me libere de la frialdad del mundo.

Amén.

Que quede sólo el amor de mi pasado

Que hoy no pueda ser afectado por el dolor de mi pasado. Me perdono a mí y a los demás, y abro mi corazón al milagro de los nuevos comienzos. Que el universo reescriba el guión de mi vida al permitir al amor de Dios purificar mi mente.

Que quede sólo el amor de mi pasado y todo lo demás se desvanezca. Que los otros piensen en mí con compasión, que perdonen las transgresiones tanto como yo perdono las suyas. Que seamos liberados de las cadenas de nuestro ser anterior.

Querido Dios,

dejo mi pasado en tus manos.
Por favor, purifica mis pensamientos sobre él.
Que sólo pueda recordar el amor que pude dar
y el amor que recibí.
Que todo lo demás se queme
en la alquimia del perdón.

Amén.

Hoy creo en los milagros

Incluso durante la noche más oscura, siento la presencia de las alas de los ángeles. Al enfrentar los límites de lo que puedo hacer, me doy cuenta de lo ilimitado de la acción de Dios. Cuando el mundo pasa por lo peor, el milagro del amor de Dios refulge en mi mente.

Hoy no voy a ceder a la tentación de dudar de *su* poder. Sin importar lo que ocurra hoy, sé que los milagros son posibles. Me aferro a esta certeza y al poder que ella me trae.

Querido Dios,

que hoy no olvide tu poder,
en mi vida y en el mundo.
Que tus milagros
siempre estén presentes en mi mente.
Que recuerde siempre
que hay esperanza en ti.

Amén.

PARA REFLEXIONAR

Llegar a ser quien realmente somos

Practica la amabilidad y comenzarás a ser amable. Practica la disciplina y llegarás a ser disciplinado. Practica el perdón y serás compasivo. Practica la caridad y serás caritativo. Practica la gentileza y serás gentil.

No importa si hoy te sientes inspirado para ser atento con el cajero del banco; hazlo de todos modos y mira cómo eso influye en tu estado de ánimo. Sólo presiona el botón del tipo de persona que quieres ser y las sinapsis que crean ese tipo de personalidad comienzan a formarse. Tu mejor ser ya existe en el éter, esperando a ser descargado. Nos volvemos corteses cuando decidimos ser corteses. Tenemos el poder tanto de generar como de reaccionar a los sentimientos; de perfeccionar nuestra personalidad durante nuestro camino en la vida. En las palabras de George Eliot: "Nunca es demasiado tarde para ser lo que pudiste haber sido." Nunca es demasiado tarde para ser quien realmente eres.

Hoy dejo ir mis preocupaciones financieras

En Dios no hay carencias, sólo abundancia. En Dios, no hay búsqueda inútil, sólo creatividad infinita. En Dios, no hay finales sino tan sólo nuevos comienzos.

Hoy permanezco en Dios para ser liberado del nivel de carencia, del dolor de la insignificancia y de la sensación de fracaso. Me levanto sobre los límites del mundo hacia la abundancia de la mente de Dios. Y por tanto no tengo que temer.

Querido Dios,

pongo en tus manos
mis preocupaciones financieras.
Que así como soy abundante,
que la abundancia regrese a mí.
Que pueda dar al universo
y el universo darme a mí
en un ciclo infinito de amor.

Amén.

Hoy escucho el llamado
de los tiempos

Hoy escucho el llamado de los tiempos para hacer de este mundo un lugar glorioso. Rezo para ser usado en esta desafiante tarea de perfeccionar una época imperfecta. Que todo lo que soy y todo lo que hago sea un heraldo del bien.

Que hoy no sea engañado por las apariencias temporales sino que viva en el reino de lo eterno. Que hoy sea un canal para una posibilidad mayor para mí y para otros, ahora y siempre. De seguro el futuro será bendecido abundantemente si lo visualizamos ahora como algo maravilloso.

Querido Dios,

te entrego el futuro a ti
y rezo para estar al servicio
de tu manifestación más hermosa.
Que mis oídos puedan llenarse con el llamado de los tiempos
y mis acciones sean guiadas a servir mejor.

Amén.

Encuentro mi propia autoestima al apreciar a Dios

Al exaltar a Dios, yo mismo me exalto. Al vivir al servicio de una verdad mayor, soy enviado a un lugar superior. Sólo al buscar la alabanza de Dios entiendo que yo también soy alabado.

Mi ser inferior no es la luz del mundo. Es el espíritu que vive dentro de mí la verdadera luz del universo. Es a Dios a quien deben dirigirse todas las alabanzas por lo que soy y por el lugar de luz al que pertenezco.

Querido Dios,

toda alabanza y gratitud
es por la luz que eres,
y la luz en mí
que compartimos.
Que pueda identificarme
sólo contigo,
para conocer quien realmente soy.

Amén.

No soy un cuerpo.
Soy un hijo de Dios

Lo que en realidad soy es mi espíritu, no mi cuerpo. Mi ser mortal no es todo mi ser, sino tan sólo una pequeña fracción. Hoy acepto ser parte de Dios, y por ello formo parte del mundo inmortal.

Mi cuerpo no es sino un templo. Que éste me sea de utilidad para llevar la luz de mi espíritu a todo el mundo. Mi cuerpo está bendecido al apreciarlo por lo que es, un artificio para dar amor.

Querido Dios,

que mi cuerpo sirva a tus propósitos
como un conducto de amor.
Libera a mis células
de la oscuridad
para dar luz a mi ser
y dejar la falsedad por la verdad.

Amén.

PARA REFLEXIONAR

La clave de la felicidad

Me parece que la clave de la felicidad está en sobreponerse a uno mismo. Los momentos más felices de mi vida han sido en los que me he involucrado en hacer cosas por los demás antes que por mí. Toda percepción centrada en necesidades separadas llevará al miedo, y toda percepción que se centra en la unidad con los demás llevará a la paz. Mucha gente busca y fracasa en encontrar la paz dentro de sí mismos porque no se dan cuenta de quién es realmente el "ser". Por ello el ego es peligroso: quiere hacernos pensar que estamos separados, cuando en realidad no es así. No podemos tener paz interior a menos que nos sintamos completos con nosotros mismos y aceptemos la conexión con los demás.

No puedes encontrarte tan sólo mirándote, ya que en esencia ése no es el lugar donde estás. Tu verdadero ser es mucho más grande y literalmente es uno con el mundo entero. Es en la unidad con otros como de verdad nos encontramos. No podemos ser felices a menos que deseemos a los demás la misma felicidad.

Hago sin esfuerzo mi trabajo para Dios

El ego lucha, pero el espíritu crea con alegría y sin esfuerzo. Me deshago de la carga del trabajo al dedicar lo que hago a Dios. No cuesta trabajo lo que se hace con amor.

Los ángeles me dan ímpetu y guían mis pensamientos y acciones. Me relajo en la corriente del amor, permitiéndome flotar sobre las olas del mar cósmico. Dejo ir toda resistencia para sentir satisfacción y alegría.

Querido Dios,

te entrego
mis esfuerzos terrenales.
Que no sienta tensión
sino alegría.
Me dejo llevar por la corriente
del amor.

Amén.

Dejo que mis sueños cobren vida hoy

Hoy no voy a desviar, disminuir o invalidar mis sueños, o dar excusas de por qué no suceden. Por más extravagantes que sean, dejo que vivan dentro de mí. Hoy no limitaré mis sueños.

Honro las imágenes de mi ser superior y las invito a que me revelen el significado de sus mensajes. Dejo espacio para Dios dentro de mi mente, el soñador de toda la vida, para que sueñe a través de mí.

Querido Dios,

que no sufra las restricciones de mi mente mortal,
porque en ti todo es posible.
Que no sea limitado por el pensamiento del mundo
o las ilusiones del tiempo y el espacio.
Que los sueños
que sueñas a través de mí
no sean bloqueados por los pensamientos del miedo.

Amén.

El propósito de mi vida es crecer en mi perfección

El embrión no necesita luchar para volverse un bebé ni la semilla para ser un roble. Yo tampoco necesito luchar para volverme la persona que he sido creada para ser.

La naturaleza me apoya en el proceso de mi propia realización. Conforme se manifiesta la gloria, mi vida será gloriosa. Conforme celebre la belleza de la vida, la vida misma celebrará mi belleza. Conforme me relajo en la corriente de lo milagroso, los milagros aparecerán en mi camino. Con el tiempo encarnaré la perfección de mi verdadero ser.

Querido Dios,

me entrego a los pensamientos del amor,
para encontrar mi camino hacia ti.
Al encontrarte, me encontraré a mí,
y entonces conoceré la alegría.

Amén.

Confío en que amar es seguro

Al saber que mis defensas tan sólo me traen aquello de lo que me estoy defendiendo, hoy dejo ir las barreras del amor. Es mi desamparo lo que asegura mi seguridad. No necesito temer al amor, ya que la sabiduría de Dios guía mi pensamiento sobre todo y sobre todos.

Dentro del espacio del amor yo soy el propietario de mis "sí" y mis "no", que son tanto mi gentileza como mi firmeza. Confío en la guía de Dios para revelarme dónde debo estar y dónde no. Confío en que amar es seguro.

Querido Dios,

pongo en tus manos
mis pensamientos sobre todos y sobre todo.
Por favor, dame sabiduría
y dame fuerza.
Enséñame lo que necesito ver
para quedarme en la luz.

Amén.

PARA REFLEXIONAR

Derramar luz

Hay una manera de ser en el mundo que logra trascenderlo, para ser al mismo tiempo gente normal y hacedores de milagros: volvernos las lámparas que derraman la luz que emana de la electricidad de Dios. Nadie se siente totalmente en casa en este plano vital; no es el lugar de donde procedemos y tampoco adonde nos dirigimos. Es un sitio donde permanecemos un tiempo, que puede ser hermoso y bendecido cuando permitimos que nuestras percepciones sean guiadas por la suya; pero sigue siendo una estación en el camino. Estamos aquí porque tenemos una misión: ser el amor que falta en este mundo, y por lo tanto, reclamar este mundo oscuro para la luz.

Hoy busco una vida mejor

No se puede vivir en el miedo y encontrar un gran amor. No puedo tener una mente estrecha y que el mundo se abra hacia mí. No puedo experimentar mi mayor potencial a menos que esté dispuesto a correr riesgos.

Hoy oro por tener valor. Dejo las actitudes y los patrones de comportamiento que me alejan de mi mayor bien. Estoy dispuesto a ser alguien mejor para tener una mejor vida.

Querido Dios,

por favor, toma mis miedos
que mantienen a raya una vida más satisfactoria.
Interrumpe los patrones de debilidad
heredados de otros tiempos.
Entrégame a mi verdadero ser.

Amén.

Cada momento contiene la posibilidad de infinitas posibilidades

La creación misma es un producto del amor y donde hay amor siempre hay milagros. Todo es posible donde no hay impedimentos para el amor.

Sin importar las ilusiones que se propaguen por el mundo, creo en la posibilidad de infinitas posibilidades. Los milagros forman parte de la naturaleza del universo, y yo me abro para recibirlos. Que el amor prevalezca en mí y en otros.

Querido Dios,

por favor, haz todo lo posible
para que el milagro se dé.
Trae amor
donde prolifera el miedo.
Por favor, haz un camino más allá de la oscuridad
y muéstrame la luz.

Amén.

Que hoy pueda verme como Dios me ve

Dios me ha hecho como una creación perfecta, y así permanezco en espíritu. Que la luz de mi perfección interna disperse la oscuridad de mi ser mortal. Que exprese el amor de mi corazón.

Que la opinión de Dios y no las opiniones de los demás determinen cómo me veo a mí mismo. Que los pensamientos de Dios y no los míos determinen lo posible para mí. Que mi percepción sea la visión que Dios tiene de mí.

Querido Dios,

por favor, levántame de las sombras
de mi percepción negativa.
Por favor, líbrame de las cadenas
que me atan a una vida más insustancial.
Por favor, muéstrame la belleza
en la que me has situado,
y dame fe para saber que está ahí.

Amén.

Hoy decido hacer algo que interrumpa el patrón del miedo

Hoy es el día de mi liberación, ya que me declaro libre de las ataduras del ego. Haré una cosa, aunque sea pequeña, para forjar el camino de la grandeza allí donde antes me sentí encogido por el miedo.

No necesito reparar hoy cada aspecto de mi ser herido. Más bien necesito sólo pensar y actuar desde un bien mayor. Con ello creo nuevas rutas en mi cerebro y en mi vida.

Querido Dios,

por favor, libérame de los hábitos
que me tienen atado
a una vida que no quiero vivir.
Rompe las cadenas que me retienen
para reclamar mi mayor bien.
Voy a intentarlo hoy.
Por favor, ayúdame.

Amén.

PARA REFLEXIONAR

Vernos a nosotros mismos
como Dios nos ve

Podemos tener en la vida cualquier cosa que queramos ser. Ya que, finalmente, ser y tener es lo mismo. Cuando nos damos permiso para vivir la vida que queremos, poco en el mundo puede pararnos. Nuestra debilidad es sólo una debilidad en la fe, creer más en las limitaciones del mundo que en las posibilidades ilimitadas de Dios. De hecho, no hay límite de lo que es posible en nuestras vidas. Dios no sólo piensa, sabe que somos seres ilimitados, porque así nos ha creado. Nuestra tarea es aprender a vernos cómo Él nos ve: totalmente luz, totalmente amados y con poder total.

El universo está cargado con planes todavía mejores para mí

Hay momentos en que la naturaleza reúne sus fuerzas, tranquila por fuera pero ocupada por dentro, para preparar su próximo movimiento. Eso es verdadero tanto para el mundo como para mí.

Hoy permanezco en la calma de mi sabiduría interna al saber que grandes cosas se preparan para mí. Preparo mi corazón para lo que vendrá, recibiendo con amabilidad la belleza de un futuro más allá de lo que puedo imaginar.

Querido Dios,

gracias por adelantado
por todos los milagros que me esperan.
Que mi corazón se abra
para recibir tus bendiciones.
Y que éstas puedan partir de mí
para llegar al mundo entero.

Amén.

Aprecio todo lo apreciable

Hoy aprecio todas las bendiciones en mi vida. No doy por sentadas las cosas maravillosas que tengo. Manifiesto mi gratitud con corazón humilde.

Aprecio mi abundancia. Sé que al hacerlo, mi abundancia se apreciará. Que todo lo que tengo sea usado por Dios para bendecir a otros como me bendice a mí. Recuerdo a quienes viven dolorosamente, y pido ser útil para sanar el sufrimiento.

Querido Dios,

hoy doy gracias por todo lo que tengo.
Y todo te lo doy a ti,
y rezo por ser usado para un bien mayor.
Así sea.

Amén.

Hoy hablaré
desde el corazón

Cuando hablo desde mi mente, otros me escucharán con sus mentes. Cuando hablo desde mi corazón, otros me escucharán con sus corazones. Hoy hablaré desde el corazón.

No hay límites para las bendiciones cuando hablo con amor y gentileza. Que hoy no ceda a la tentación de elegir el miedo o la cólera como manera de expresarme. Más bien, recordar que hacer eso es sabotear mi propio bien.

Querido Dios,

*por favor, haz de mí
un instrumento de tu paz.
Que mis palabras muestren tu ternura
y mi corazón exprese tu amor.*

Amén.

Cada situación es una lección que Dios quiere que aprenda

Cada situación es una lección que debe ser aprendida, una lección para ser una persona más amable, para llegar a ser excelente y mejorar mis circunstancias. Que hoy vea todo lo que sucede como una oportunidad para perfeccionar mi juego.

De esta manera conoceré el gozo del crecimiento espiritual. Que cada encuentro sea sagrado, que cada circunstancia sea la plataforma de un milagro para mí y para otros, y todo lo que hago sea una glorificación de Dios.

Querido Dios,

este día lo dedico a ti.
Para que sirva a tus propósitos
e incremente tu bien
en el mundo.
Que cada situación en la que me encuentro
me lleve más cerca de ti,
y por lo tanto a quien realmente soy.

Amén.

PARA REFLEXIONAR

El ser ilimitado de Dios

Para Dios, cada momento es un nuevo comienzo. Y Dios no se detiene ante nada. Dios nunca diría: "Podría ayudarte, pero te has equivocado tanto que no tengo ganas de hacerlo." Tampoco diría: "Puedo darte una mejor vida, pero tus padres fueron disfuncionales, por lo que mis manos están atadas." Las limitaciones no tienen fuerza frente al ser ilimitado de Dios, y son los límites de nuestra fe y no los límites de nuestras circunstancias las que nos impiden experimentar milagros. Cada situación nos da una oportunidad de vivir con una esperanza y una fe más amplia y más audaz para creer que todo es posible. Dios es mayor que cualquier circunstancia limitante de nuestro pasado; Dios es mayor que cualquier limitación que el mundo nos imponga ahora. Las limitaciones existen sólo como un desafío para nuestra madurez espiritual, al darnos cuenta de que a través de la gracia de Dios somos más grandes que las circunstancias.

¿Podemos ser más grandes que las carencias financieras? Sí, porque en Dios tienes abundancia infinita. ¿Podemos ser más grandes que el terrorismo? Sí, porque en Dios somos amor infinito, y el amor es la única fuerza que el odio y el miedo no pueden soportar. No hay dificultad en los milagros. Si muchos de nosotros rezamos cada mañana pidiendo que Dios mande *su* espíritu al desastre global que hemos creado, y que lo corrija —dejando atrás nuestras ideas y solicitando las suyas— nuestros problemas comenzarán a disolverse.

Hoy vacío mi mente y pido a Dios que me llene con sus pensamientos

La iluminación no consiste en aprender, sino en desaprender. Hoy dejo ir mi apego a los filtros por los que veo el mundo. Acepto entonces que mi verdadero filtro es el amor.

Todo lo que me ha enseñado el mundo lo dejo en manos de Dios. Que *su* espíritu purifique todos mis pensamientos y me libere de la culpa que domina el plano terrenal. Que sólo vea inocencia en mí y en otros, y todo lo demás se desvanezca.

Querido Dios,

dejo ir todos los pensamientos de culpa.
Rezo por ver en su lugar inocencia
en mí y en otros.
Que mi mente sea un recipiente vacío
para ser llenado sólo con tu presencia.

Amén.

Hoy dejo ir mis debilidades y pido que sean sanadas

Hoy estoy consciente de mis debilidades de carácter. Sé que Dios es misericordioso y quiere que sean expulsadas de mi ser no mediante el sufrimiento sino por medio del gozo. Hoy rezo para que se manifieste una mejor manera de vivir; que mis heridas sean sanadas y mis defectos eliminados.

Acepto la responsabilidad de ver con claridad lo que soy y lo que hago. Sé que Dios camina conmigo en este camino espinoso de autodescubrimiento. Él no me lleva al sufrimiento, sino a dejarlo atrás, al mostrarme el amor escondido y cómo expresarlo.

Querido Dios,

dejo ir mis debilidades y heridas,
mis miedos y defectos.
Por favor, quítalos todos
para ser la pura expresión
de quien me has llamado a ser.

Amén.

Hoy elijo ser un hacedor de milagros

Cuando me centro en una actitud de bendición, soy inmediatamente un hacedor de milagros. Se puede sentir una atmósfera palpablemente más positiva cuando busco en mí lo mejor y más alto. Con cada pensamiento trataré de entregarme al amor en lugar del miedo.

Otros se sienten llenos de energía e inspiración conforme yo acepto hoy lo sagrado dentro de mí. Cuando me siento tentado a juzgar, retengo mis juicios. Cuando me siento tentado a atacar, bajo mi espada. Cuando me siento tentado a mostrar las energías de la mente inferior, en su lugar elijo mostrar la verdad. Y así los milagros ocurren.

Querido Dios,

ayúdame hoy
a elegir el amor sobre el miedo,
para hacer milagros
para mí y para otros.
Donde me siento tentado
a atacar o a defenderme,
por favor, guía mi mente
para ir hacia un lugar más amable.

Amén.

Que mis relaciones sirvan
a los propósitos de Dios

Las relaciones son laboratorios del espíritu o terrenos de juego para el ego. Las relaciones pueden ser el cielo o el infierno. Lo que sean para mí es mi elección.

Mi ego usa mis relaciones para servir a las necesidades que defino, mientras trato de compensar por lo que creo que necesito. En realidad, el propósito de mis relaciones es que tanto el otro como yo podamos tener el máximo crecimiento y gozo. Son los propósitos de Dios.

Querido Dios,

pongo mi relación con _____
en tus manos.
Que mi presencia sea una bendición en sus vidas,
y su presencia una bendición en la mía.
Que mis pensamientos hacia ellos sean de inocencia y amor,
y que sus pensamientos hacia mí sean también así.

Amén.

PARA REFLEXIONAR

El significado de la vida

Nos programaron perfectamente al momento de nacer. Nuestra tendencia natural iba hacia el amor. Nuestra imaginación era creativa y floreciente, y sabíamos cómo usarla. Estábamos conectados a un mundo de mayor riqueza que al que estamos conectados ahora; un lugar lleno de encanto y con un sentido de lo milagroso.

¿Qué fue lo que pasó? ¿Cómo llegamos a una cierta edad, echamos un vistazo y, de repente, el encanto se había ido?

La razón es que fuimos enseñados a centrarnos en otra cosa; a pensar de manera antinatural. Nos enseñaron una mala filosofía y una manera de ver que contradice quiénes somos. Fuimos enseñados que estamos separados de otras personas, que debemos competir para salir adelante, que no somos lo suficientemente buenos tal y como somos. Fuimos enseñados a ver las cosas como otros las han visto. Es como si nos hubieran dado una pastilla para dormir en cuanto llegamos. La manera de pensar de este mundo, cuando no se basa en el amor, comienza a golpear nuestros oídos.

Nosotros nacimos con amor. El miedo lo aprendimos aquí. El viaje espiritual es la renuncia —o el desaprendizaje— del miedo y la aceptación del amor otra vez dentro de nuestros corazones. El amor es el factor existencial más importante. Estar continuamente consciente de él y experimentar el amor en nosotros y los demás es el verdadero significado y el propósito de nuestras vidas.

Pongo mis relaciones
en el altar de Dios

El ego siempre habla primero y muy fuerte. Y siempre tiene argumentos para propiciar la separación: alguien hizo esto o aquello y por lo tanto no merece el amor. En cualquier momento que escuche al ego —y niegue el amor a otro— me niego a mí mismo. Rezo por un poder mayor al mío que haga retroceder las tormentas de un modo de pensar neurótico. Todo lo que ponga en el altar de Dios modificará mi mente.

Mis relaciones son parte del currículo divino que Dios ha creado para mí. Yo invito a *su* espíritu a entrar en mi mente, para que mis pensamientos sean guiados hacia la inocencia y el amor, y que no se desvíen hacia la defensa o el ataque. De esa manera, mis relaciones serán bendecidas y se realizará su potencial.

Querido Dios,

permite que mis relaciones sigan
el orden divino
y tomen la forma
que mejor sirva a tus propósitos.
Que todo fluya,
dentro de mí y la relación,
conforme a tu voluntad.

Amén.

Al dar a otros
me doy a mí mismo

En el mundo espiritual, sólo nos quedamos con lo que damos. Muchos pensamientos que enmascaran mi egoísmo son en realidad autosabotaje. Cuando pienso en mí demeritando a los demás, intento de manera subconsciente negarme a mí mismo.

Entregarme a las maneras en que actúa Dios no es un acto de autosacrificio, sino más bien lo contrario. En el momento en que me niego a darme a Dios, retengo mi amor. Así estoy sacrificando una vida de abundancia espiritual y de libertad emocional. Hoy doy mi amor a los demás, para sentirme yo mismo más amado.

Querido Dios,

que no sea tentado
a retener mi amor.
Al entregar el amor
me entrego a la fuerza
que desea para mí el mayor bien.
El ego habla, pero el ego miente,
que el amor ahogue su voz hoy.

Amén.

Que hoy no me pierda en un mundo sin sentido, sino que pueda encontrarme a mí mismo en Dios

Los pensamientos insignificantes que dominan el mundo pueden infectar mi conciencia si yo lo permito, arrastrándome hacia los pozos sin fondo de la ansiedad y la desesperación. No estamos solos en esos lugares de dolor, ya que Dios ha enviado a *su* espíritu a salvarnos de la oscuridad del mundo terrenal.

Hoy recuerdo que el dolor no es real, sino producto de las ilusiones creadas por pensamientos intrascendentes. Ruego a Dios que guíe mis pensamientos más allá del miedo, hacia el amor dentro de su mente y la mía.

Querido Dios,

extiéndeme tu mano
en mi desesperación,
que no me hunda
en el infierno de mi propia creación.
Muéstrame quién soy realmente,
para levantarme
sobre las propias ilusiones
de mi mente temerosa.
Entrégame al amor.

Amén.

No le pido a Dios que cambie mis circunstancias, sino que cambie quién soy en ellas

A todos se nos asigna un pedazo de jardín, un rincón del universo que podemos transformar. Ese rincón es mi propia vida: mis relaciones, mi hogar, mi trabajo y mis circunstancias, tal y como son.

No le pido a Dios que cambie mis distintas situaciones, sino que transforme quién soy cuando estoy en ellas. Que atienda cada parte de mi jardín con amor, para ser la manifestación más hermosa de todo lo bueno, sagrado y verdadero.

Querido Dios,

hazme la persona
que quieres que sea,
para hacer lo que tú quieres.
Que mi vida sea la más bella
al recordarme quién soy.

Amén.

PARA REFLEXIONAR

Reclamar los conocimientos del corazón

El significado no está dentro de los objetos, sino dentro de nosotros mismos. Cuando valoramos cosas lejanas al amor —el dinero, el coche, la casa, el prestigio— ponemos nuestro afecto sobre cosas que a su vez no pueden amarnos. Estamos en la búsqueda de significado con aquello que no lo tiene. El dinero en sí mismo no significa nada. Las cosas materiales, en sí mismas, no significan nada. No es que sean malas. Es que son nada.

Estamos en este mundo para crear con Dios al prodigar el amor. La vida que se vive con otros propósitos en mente resulta banal, contraria a nuestra naturaleza y, finalmente, dolorosa. Es como si estuviéramos perdidos en un oscuro universo paralelo donde las cosas son amadas más que las personas. Sobrevaloramos lo que percibimos con nuestros sentidos físicos e infravaloramos lo que es verdad en nuestros corazones. Es el momento de reclamar los conocimientos de nuestro corazón, para que el mundo sea libre.

Mi vida se renueva hoy

Hoy busco un cambio radical en mí y en mi vida. Mi futuro se reprograma en este momento en cuanto permito entrar al espíritu de Dios.

No se necesita nada para que esto suceda, salvo el flujo abundante del amor de mi corazón.

Hoy rezo por un milagro. Voy a permitir que eso suceda y no me resistiré. Estoy abierto a nuevos comienzos y a una vida distinta de mi pasado. Mis relaciones se renovarán. Mi carrera se renovará. Mi cuerpo y mi mente también se renovarán. El momento es ahora y el lugar es aquí, no a través del dolor sino de la paz. Así sea.

Querido Dios,

afirmo con todo mi corazón
que en ti
todas las cosas son renovadas.
Que mi mente y cuerpo,
mis relaciones y actitudes,
reflejen la alquimia del poder milagroso
en mí y en todos los seres.
Así sea.

Amén.

Dejo ir mis preocupaciones para recibir el milagro

Cualquier falta que vea en otra persona me cegará para ver mi propia perfección. Hoy veo la inocencia y el amor en otros, incluso cuando me han presentado la oscuridad de sus egos. Que hoy deje mi propia oscuridad conforme acepto olvidar la de los demás.

Nuestros maestros más importantes requieren nuestro perdón, ya que nos indican los límites de nuestra capacidad de perdonar. Donde hay preocupaciones, no puede haber milagros. Hoy dejo ir las preocupaciones para recibir el milagro.

Querido Dios,

te entrego
mis preocupaciones,
para recibir el milagro.
Que pueda liberarme de mi propia culpa
tanto como libero a otros de las suyas.
Que vea la inocencia más allá de los errores
en mi hermano y en mí mismo.

Amén.

Ahora es el momento de mi salvación

La única cosa de la que necesito salvarme es de mi propio pensamiento neurótico, y la salvación se encuentra en cada momento en que me distancio para recibir el amor de Dios. Cada instante tengo la oportunidad de cambiar tanto el pasado como el futuro al reprogramar el momento presente. Hoy me dedico al milagro de vivir totalmente en el ahora.

Que hoy recuerde que cada instante que estoy en esta tierra es por una sola razón: amar y ser amado. Que cada pensamiento se ilumine con el recuerdo de mi función cósmica y mi comportamiento sea guiado por su sabiduría.

Querido Dios,

que mi mente no se nuble hoy
al confundir los pensamientos que no me llevan a ninguna parte,
cosas de poca importancia que bloquean la verdad,
o miedos que esconden mi amor.
Que tu espíritu me recuerde a cada instante
quién soy yo, quiénes son los otros
y por qué estamos todos aquí.

Amén.

Estoy dispuesto a soportar las incomodidades del autodescubrimiento para ser sanado

Conforme pido a Dios que sane mi vida, Él manda su luz sobre las cosas en las que debo fijarme. Veo cosas en mí mismo que tal vez preferiría no ver. Como todos, tengo una armadura construida alrededor de mi corazón, que con frecuencia enmascara algo más.

Estoy dispuesto a hacer frente a la verdad sobre mí mismo y mis juegos, ya que sé que Dios está conmigo, no para castigarme sino para sanarme. Estoy dispuesto a soportar los dolores agudos de mi autodescubrimiento, para dejar ir el dolor sordo de mi inconsciencia que podría durar por el resto de mi vida.

Querido Dios,

te entrego
mi miedo y mi resistencia para encontrar quién soy realmente.
Estoy dispuesto a conocerme,
para servirte mejor.
Por favor, manda a tus ángeles para acompañarme
en un viaje a través de la jungla de mis miedos
hacia las praderas de la paz.

Amén.

PARA REFLEXIONAR

Reclamar nuestro poder

El amor requiere una manera diferente de "mirar" de la que estamos acostumbrados, una manera distinta de saber o pensar. El amor es el conocimiento intuitivo de nuestros corazones. Es un mundo "más allá" que todos anhelamos en secreto. Una memoria antigua de este amor nos persigue todo el tiempo, pidiéndonos regresar.

Y nosotros queremos regresar porque queremos recuperar nuestro poder. El amor nos da una "clarividencia", una habilidad para discernir el significado de las cosas bajo los hechos. Nos da mayor astucia respecto a las personalidades humanas, y un entendimiento más profundo sobre acontecimientos más allá de lo aparente. El amor no significa renunciar al poder; el amor es la manera como lo reclamamos.

Hoy acepto que estoy completo y entero

Aunque sé que Dios me ha creado perfecto, no siempre me siento de esa manera. Sé que mi sentido del ser está fracturado, y estoy dispuesto a sanarme. Hoy me acepto como Dios me ha creado, para experimentar la verdad de quien soy en realidad.

Cuando dudo de mí y me siento inseguro, o siento que no soy capaz en muchos sentidos, le pido a Dios que sane mi propia percepción de mí mismo. Que pueda elevarme de mi propio sentido del ser que me lleva a concluir que soy menos de lo que soy. Que recuerde que, como hijo de Dios, estoy completo y entero y permanezca así siempre.

Querido Dios,

por favor, sana mi fracturado sentido del ser
por mi tendencia a sentirme fallido,
nunca suficientemente bueno,
y menos de lo que me has creado para ser.
Necesito un milagro que me libere
de mis falsas creencias sobre mí mismo.
Gracias, Dios.

Amén.

Recordaré hoy que la realidad final siempre es perfecta

Tras las nubes grises siempre hay un cielo azul; tras el velo de las ilusiones que dominan el mundo siempre está la verdad del amor infinito. La verdad de quienes somos es infinita: somos inmutables, amorosos e inmortales.

Hoy no seré engañado por las apariencias del mundo. No voy a ser tentado por la mayor desesperación, ya que el sufrimiento del mundo es resultado de nuestra locura colectiva, y Dios ha prometido sanarnos. Entrego pues mi mente a la curación, para ser parte del gran despertar que nos sacará de nuestras pesadillas.

Querido Dios,

que hoy no me sienta tentado
a creer en las ilusiones
de sufrimiento y pérdida.
Que en su lugar vea a través de ellas la posibilidad de curación
y sea usado por ti para llevarla a cabo.
Así sea.

Amén.

Mis decepciones son reveses temporales

En algún momento puede haber una situación donde se produzcan errores y penas. Sin embargo, por cada viraje errado hay una recalibración automática en la mente de Dios. Sólo necesito ser paciente y esperar a que el universo perfecto enderece los caminos torcidos.

No permitiré que mis emociones caigan en un valle de lágrimas a causa de un revés temporal. Mi salvación no está en un cambio inmediato de circunstancias, sino en mi habilidad para permanecer positivo y optimista durante tiempos de dureza. Dios es la respuesta a cada problema en el momento en que éste sucede, y espero alegremente el milagro que siempre está en camino.

Querido Dios,

te entrego
cualquier situación dolorosa,
y pido me muestres cualquier aspecto de mi pensamiento
que contribuyó a producir esas penas.
Cambia las consecuencias de mis falsas creencias
que han puesto al universo en desacuerdo con mi alegría,
para ser otra vez feliz.

Amén.

Me regocijo con todo lo bueno

Hoy no dejaré de notar los milagros de la vida que me rodea. Desde las bellezas de la naturaleza hasta el poder del perdón, me asombro ante las creaciones de Dios.

Cuando mi mente se centra en un problema del mundo, recordará que los bebés siguen naciendo, la gente se enamora, el perdón sigue haciendo milagros y que donde hay amor hay esperanza. Hoy reconozco todos los increíbles regalos de la vida. Voy a tratar de ser consciente de la más pequeña demostración del milagro de la vida.

Querido Dios,

que mis ojos se abran más hoy,
que vea más
de tu fabulosa creación.
Que no me sienta tentado para centrarme en otra cosa
que no sea tu verdad.
Aun cuando sea testigo de lo que está mal,
que recuerde que en ti siempre hay un camino
para hacer que todo vuelva a su cauce correcto.
Así sea.

Amén.

PARA REFLEXIONAR

Invocar al amor

La gente que siempre nos dice qué está mal en nosotros sólo nos hace sentirnos paralizados con la vergüenza y la culpa. La gente que nos acepta nos permite sentirnos bien con nosotros mismos, relajarnos y encontrar nuestro camino. Aceptar a otros no significa no compartir sugerencias constructivas. Pero, como todo lo demás, nuestro comportamiento no es el problema sino la energía que conlleva. Si critico a alguien para cambiarlo, es mi ego el que habla. Si he rezado y pedido a Dios que me libere de mis juicios —y si quiero seguir comunicando algo—, entonces lo que comparta estará lleno de amor en lugar de miedo. No llevaré conmigo la energía del ataque, sino la del apoyo. Cambiar mi comportamiento no es suficiente. Cubrir un ataque con una capa de azúcar, con un tono dulce de voz o una jerga terapéutica, no es ningún milagro. Un milagro es un cambio auténtico del miedo al amor. Cuando hablamos desde el ego, invocaremos el ego en los demás. Cuando hablamos desde el amor, invocaremos su amor.

Hoy bendigo a todos los niños del mundo

Tomo este día para reconocer la belleza de los niños y nuestra responsabilidad hacia ellos. Su belleza, su ternura, su vulnerabilidad, su amor. Que sus necesidades y lo precioso de su ser estén presentes en mi mente.

Que no olvide la relativa falta de capacidad de los niños para presentar sus necesidades al mundo que los rodea. Son nuestra responsabilidad en especial quienes no tienen familias para cuidarlos y alimentarlos, amarlos y apoyarlos. Que yo no sea ciego a su belleza ni a sus necesidades.

Querido Dios,

por favor, bendice a los niños del mundo.
Que sus tiernas emanaciones
despierten el corazón de los adultos.
Que sus necesidades estén
continuamente presentes en nuestra conciencia
y que el mundo se reoriente alrededor de ellas.

Amén.

Hoy uso la oración para promover milagros en todos

A cualquiera que veo hoy lo bendigo en silencio. Adondequiera que vaya, que mi presencia atraiga el amor. Oraré silenciosamente por la felicidad de todos.

Hoy recuerdo que la oración es una fuerza, un medio para hacer milagros, un poder más allá de lo que el mundo pueda creer. Oro como una manera de aprovechar el amor de Dios y usarlo para hacer milagros en las vidas de otros. Conforme lo hago, yo también seré bendecido.

Querido Dios,

hoy rezo por todos los seres del mundo…
por la felicidad de todos,
la paz de todos,
la curación de todos.
Rezo por ser una persona
que hace de alguna manera una diferencia
para ayudar al mundo a sanar.

Amén.

Confío en que Dios tiene el plan perfecto

Confío en que hay un plan perfecto para la revelación de mi mayor bien, que mi mente racional no puede percibir o formular. El plan de Dios funciona y el mío no. No sé cómo mi parte encaja en los mayores designios para sanar el mundo, Dios sí lo sabe. El día de hoy mi trabajo consiste en abrir mi mente y mi corazón para que la conciencia superior fluya a través de mí.

Sé que no estoy solo en un universo al azar, sino en completa seguridad en los brazos de Dios.

Querido Dios,

pongo mi fe en ti,
para abrir mi camino
de la oscuridad a la luz.
En cada momento que estoy alineado contigo,
tu plan opera en mí.
Que pueda aferrarme a lo verdadero,
para que la verdad pueda guiarme.

Amén.

Hoy camino hacia delante con la confianza que Dios me da

No necesito crearme a mí mismo ni presentarme como valioso, ya que todos somos creaciones perfectas de Dios. Sólo necesito permitir que la luz dentro de mí brille para que los otros la vean.

No tengo falta de confianza en mí, ya que tengo confianza en Dios, que vive dentro de mí. No soy mejor ni peor que nadie más, y en eso estriba mi libertad para amar y ser amado.

No necesito sumar ni restar nada de mi ser esencial, ya que quien Dios ha creado es más que suficiente. Hoy camino hacia delante con perfecta confianza en que la santidad de Dios dentro de mí, creada por Dios, es la verdad de mi ser y la luz del universo.

PARA REFLEXIONAR

Comunicarse con amor

Los milagros se crean en un plano invisible. El Espíritu Santo nos ayuda a mejorarnos. Nos enseña cómo debemos comunicarnos a través del amor, en lugar del ataque. La gente con frecuencia dice: "Bueno, se los dije, ¡si en realidad me he comunicado!" Pero la comunicación es una calle de doble sentido. Sólo sucede si una persona habla y la otra escucha. Todos hemos estado en conversaciones donde dos personas hablan y nadie escucha. También en conversaciones donde nadie dijo una palabra y ambos entendieron todo a la perfección. Para comprendernos realmente, es necesario responsabilizarnos por el espacio del corazón que existe entre nosotros y los demás. Es este espacio, o la ausencia de él, lo que determina que la comunicación vaya hacia los milagros o hacia el miedo.

Busco ser lo que soy capaz de ser para hacer lo que soy capaz de hacer

El ser divinamente inspirado precede al hacer divinamente inspirado. Busco ser hoy quien Dios quiere que sea, para saber —y también manifestar— lo que Él quiere que yo haga.

Conforme centro mi atención en acrecentar mi compasión y en pulir los mejores aspectos de mi ser, entonces todo lo que haga vendrá de lo que haya elegido ser. Mi mayor función es ser la persona que soy capaz de ser, para hacer lo que soy capaz de hacer.

Hoy invoco mi mayor misión al situarme en el espacio de mi ser superior. Conforme lo hago, el universo se reacomoda para allanar el camino para mi mayor realización en el mundo. Voy a atraer de manera natural a la gente, a las ideas y situaciones que permiten que esto suceda.

Amén.

Que mi trabajo sea mi ministerio

Hoy cambio el propósito de mi trabajo: de ser un simple empleo a ser un verdadero ministerio. Un empleo es sólo un intercambio de energía, mientras un ministerio es la plataforma para el mayor de los servicios. Es el lugar a partir del cual puedo servir. No estoy en la tierra para hacer solamente un trabajo; estoy aquí para realizar mi misión espiritual al volverme la luz y el amor de Dios en la tierra.

Cualquier cosa que haga, puedo hacerlo con una actitud de servicio. Aquello que hago, puedo hacerlo como una manera de servir a Dios. Conforme dedico mi trabajo a mayores propósitos, éste será ensalzado, transformado —e incluso cambiado por otro tipo de trabajo, si así fuera necesario— para servir al plan de Dios de usar mis talentos para *su* beneficio.

Querido Dios,

te entrego
mis talentos y habilidades
para los designios del amor.
Que mi trabajo sea mi ministerio,
para que todo lo que tenga y haga sea usado por ti.
Así experimentaré la alegría
de saber
que lo que hago es para una mejor causa
de lo que mi mente mortal puede percibir.

Amén.

Hoy mi camino
se abre frente a mí

Conforme llego a ser quien debo ser, lo que hago aparecerá como un camino cubierto de pétalos de rosa frente a mí. Tal vez no sepa cuál es mi senda, pero Dios sí lo sabe. Él sabe cómo mis talentos y habilidades se adaptan mejor a *su* plan para la iluminación y la curación de todas las cosas. Cualquier talento que tenga, Él lo glorificará conforme lo use para glorificarlo a Él. Y los talentos que no sé que tengo y están latentes en mí surgirán conforme me entregue más profundamente al amor.

Los talentos latentes surgirán en cuanto entregue mi corazón. Tomarán forma conforme empiezo a ver todo lo que hago como una manera de servir a Dios y al mundo.

Querido Dios,

por favor abre un camino frente a mí
diferente del que he tomado antes.
Conforme cambio mi mente,
por favor cambia mi futuro.
Llena mi mente con amor,
para que sólo el amor sea mi porvenir.

Amén.

Hoy escucho mi llamado

Un llamado es un campo orgánico de energía que surge de los aspectos más profundos de quien soy. Es la culminación de la razón por la que Dios me ha creado para ser y para hacer según sus designios. Tomar mi trabajo como un empleo o un llamado es lo que hace toda la diferencia entre permanecer o no en un universo milagroso. Yo tengo un llamado simplemente porque estoy vivo. Tengo un llamado porque soy un hijo de Dios. Tengo un llamado porque estoy en esta Tierra con un propósito divino: estar a la altura de mi mayor posibilidad creativa, expresando todo lo que soy intelectualmente, emocionalmente, psicológicamente y físicamente para hacer del universo un lugar más hermoso.

Mi llamado es lo que haría, me lo pagaran o no. Es lo que *tengo* que hacer para ser feliz. Mi llamado me conecta con mi ser más profundo y con el resto de la vida a mi alrededor. Hoy encuentro mi llamado, por lo menos en mi corazón.

Conforme escucho el llamado de Dios dentro de mí, lo acepto con todo mi corazón. Nuestro amor resonará por todo el universo y constituirá el llamado de mi alma aquí en la Tierra. De este gran amor emanará un gran poder.
Así sea.

Amén.

PARA REFLEXIONAR

Ver que somos uno

Nuestras necesidades no están separadas, ya que todos somos uno. Lo que pienso de ti lo pienso de mí mismo. Y lo que veo en mí, lo veo en ti. Sólo al aceptar nuestra unidad, veremos nuestras diferencias a la luz de la verdad.

En el nivel del espíritu, no hay un espacio donde termines tú y empiece yo. Como olas del océano o rayos del sol, no hay una verdadera separación. Ésta en realidad no existe, ya que aquí sólo hay uno solo. Conforme cambio mis pensamientos de separación, contribuyo a su transformación por todos lados.

Hoy elijo aprender de mis fracasos

Un fracaso es sólo un fracaso si rehúso aprender de él. Cualquier situación que me enseña más humildad, sobriedad y sabiduría sobre el ser y sobre los demás, más responsabilidad, profundidad en la reflexión y mejor toma de decisiones —enseñándome lo que es importante—, no es de ninguna manera un fracaso. A veces lo que considero un fracaso en un momento dado propicia un cambio en mí que crea un mayor éxito a lo largo del tiempo.

Las grandes personas no son quienes nunca se han derrumbado. Las grandes personas son quienes, al sufrir una caída, buscan dentro de sí mismas la fuerza para levantarse. Que hoy sea alguien que se alza del pasado.

Querido Dios,

siento que he fallado.
Siento que todos mis esfuerzos no llegan a nada.
Siento vergüenza en cómo ha resultado mi vida.
Por favor, querido Dios, repara mi corazón, cura mi mente y cambia mi vida.
Allana mi camino para ir de la oscuridad hacia la luz.
Me arrepiento de mis errores y oro por el perdón.
Por favor, haz por mí lo que yo no puedo hacer. Gracias, Dios.

Amén.

Dios está constantemente creando a través de mí

Dios, como el amor, está continuamente creciendo, floreciendo y creando nuevas maneras de expresión para la realización de la alegría. Cuando mi mente está centrada en el amor, y mi mente es un recipiente abierto por medio del cual se expresa Dios, mi vida se vuelve un lienzo por el cual expreso ese amor. Ése es el significado de mi vida. Es la razón por la que estoy aquí.

No he sido arrojado al azar a un mar lleno de escollos. Tengo una misión: salvar al mundo a través del poder del amor. El mundo necesita desesperadamente curación, como un pájaro con el ala rota. La gente lo sabe y millones han orado por recibir ayuda. Dios nos ha escuchado y ha enviado su auxilio: nos envía a todos y cada uno de nosotros para hacer *su* trabajo en la Tierra.

Que hoy yo sea el lienzo en el cual Dios puede escribir, un vehículo por medio del cual Él puede usar su milagrosa autoridad en la Tierra. Me abro a mí mismo para recibir su poder y que éste emane de mí como una bendición que recibo y luego como una bendición que doy.

Que Dios pueda tomar las decisiones por mí

Basar mis decisiones en los asuntos del mundo debería tener su equilibrio al considerar los asuntos del corazón. Una vez consideradas las situaciones legales, las opiniones médicas y contables y las perspectivas de otras personas dentro de mi razonamiento, recordaré poner todas las mayores decisiones en manos de Dios. Sé que la mejor manera de tomar una decisión es pedirle a Dios que la tome por mí.

Entonces sabré por los auspicios de mi corazón lo que mi mente sola no podría nunca discernir. Las fuerzas espirituales actuarán entonces en mi nombre.

Querido Dios,

por favor, toma esta decisión por mí.
Yo no veo el futuro,
pero Tú sí.
Yo no sé lo que es mejor para todos,
pero Tú sí.
No puedo entender esto,
pero Tú sí.
Querido Dios,
por favor, decide esto por mí.

Amén.

Que yo pueda renovar la luz dentro de mí

Toda la gente que veo, toda situación en la que me encuentro, representa una lección que lleva a la siguiente etapa, la renovación de mi verdadero ser. Todo lo que pasa es parte del misterioso proceso educativo por el cual de manera subconsciente me acerco a las personas y las situaciones que constituyen mi tarea siguiente. Con cada lección cumplo el desafío de ir más profundamente, de volverme más sabio y más amoroso. Y cualquiera que sea mi lección siguiente, me espera siempre en mi camino.

El trabajo de Dios es el trabajo de mi renovación, y no necesita estar en otro sitio, o hacer otra cosa, para realizarlo. En este mismo día y aquí frente a mí, hay cosas que hacer y pensamientos que nutrir para ser una mayor "posibilidad de mí" de lo que hasta ahora he manifestado. En cualquier instante, hay más amor de lo que puedo expresar.

Hoy puedo desarrollar los límites de mi capacidad de amar. Que yo pueda perdonar, ser más misericordioso, más compasivo y amable. Que otros sientan en mi presencia una mayor posibilidad para brillar, como la luz de Dios brilla a través de mí para bendecirlos y elevarlos.

PARA REFLEXIONAR

Sobre el éxito

El éxito consiste en ir a dormir por la noche sabiendo que nuestros talentos y habilidades son usados para servir a los demás. Nuestra compensación está en el agradecimiento en los ojos de las personas, sin importar la abundancia material que nos apoye para funcionar con gozo y mucha energía, y también con el magnífico sentimiento de que hoy cumplimos con nuestra parte para salvar al mundo.

Nuestro trabajo está en irradiar amor. Nuestra tienda debería irradiar amor. Nuestra tecnología debería irradiar amor. Nuestro negocio debería irradiar amor. Nuestra vida debería irradiar amor. La clave de una carrera exitosa está en darse cuenta de que ésta no se separa del resto de nuestra vida, sino que es una extensión de nuestro ser más esencial. Y nuestro ser más esencial es el amor.

Hoy elijo

pensar con amor

Cruzar el puente hacia un mundo mejor comienza con cruzarlo dentro de uno mismo, desde los adictivos patrones mentales del miedo y la separación, a la percepción iluminada de la unidad y del amor. He sido entrenado por el mundo para pensar con miedo y hoy elijo pensar con amor.

Para tener una milagrosa experiencia de la vida, me entrego a una perspectiva más espiritual. De otra manera, moriré algún día sin haber tenido la experiencia de la verdadera alegría de vivir. Hoy estoy comprometido para ver a todo y a todos como parte del plan divino para mí, y para los demás. Que todos a quienes veo y todo lo que hago sea usado por mi mente superior como una lección de amor. Que el miedo se disuelva en mi presencia y pierda el control sobre mi vida.

Hoy le ordeno al miedo que vuelva a la nada de la que proviene, y me entrego al amor que pude sacar de mí. Elijo el amor, me entrego al amor y me aferro al amor. Aunque sé que me sentiré tentado por el miedo, también sé que seré salvado por Dios y entregado a las costas pacíficas del amor que damos y recibimos.

El universo es infinitamente abundante y yo también lo soy

El universo es infinitamente abundante. Como hijo del universo, tengo derecho a los milagros que emanan de él con libertad. Y aunque la huerta es abundante, yo tengo que tomar sus frutos. Hoy me abro a los milagros al reconocer que tengo derecho a recibir los milagros del amor.

Aunque el mundo material es un mundo de carencias, el universo espiritual es infinitamente abundante. Conforme me identifico con el universo espiritual, mi mente se vuelve el vehículo por el cual recibo sus riquezas. Estoy abierto a recibir la abundancia que es parte de mí.

Hoy reconozco que tengo derecho a las riquezas del universo. Dios nunca me niega la abundancia. Su voluntad es que reciba su caudal, para llevarlo a las vidas de los demás. La carencia y la lucha no pertenecen a Dios, y yo soy parte de Él.

Hoy confío en quien soy porque sé que Dios vive dentro de mí

Mi verdadero yo, mi ser sagrado, está más allá de los límites del mundo terrenal. Tal y como Dios vive dentro de mí, así vive *su* brillantez y poder infinito. Al permanecer en ese conocimiento, aceptando y apreciando *su* espíritu divino que reside en todos nosotros, reconozco el carisma de la persona que tiene confianza en sí misma.

Al confiar en Dios, confío en mí como persona; al verme como seguidor de Dios, me manifiesto como líder en el mundo. Yo vivo dentro de mí como luz invisible, con una certeza humilde y una grandeza que viene más allá de mí.

La grandeza vive dentro de mí, creando patrones cada vez más amplios de vida y amor. Canta para mí, yo le canto a mi vez una canción continua, desde mi corazón al universo y del universo hacia mí.

Cada encuentro es sagrado

Mi objetivo de hoy es dar y recibir amor, que es otra manera de decir: "Que se haga la voluntad de Dios." Hoy considero cada interacción como un encuentro sagrado, cuyo objetivo es el amor; que pueda ser en cada encuentro la mejor persona que puedo ser.

Mi intención es que en cada circunstancia yo pueda expresar mi ser más amable y verdadero. Lo que pase después de ese punto, se lo dejo a la inteligencia del universo. No voy a ningún lado para conseguir nada, sino para dar todo lo que tengo. Por ejemplo, no voy a una entrevista para conseguir un trabajo; ¡voy allí para hacer mi trabajo!

Querido Dios,

que mi presencia hoy,
donde quiera que esté,
sea una bendición para todos los seres.
Que mi expresión, mis palabras y mis acciones
se alineen con tu voluntad divina.

Amén.

PARA REFLEXIONAR

Cambiar tu mente

Si piensas que eres objeto de un universo que funciona al azar y al que no le importas, entonces tu vida funcionará así. Si piensas que eres objeto de un universo amoroso al que le importas, entonces tu vida funcionará así.

Sin importar lo que esté pasando en nuestra vida, podemos escoger lo que queremos pensar sobre ella. Y el mayor regalo es darnos nuestra voluntad para cambiar nuestra mente. Incluso en la situación más triste y desagradable por la que podamos pasar, tenemos el poder de pensar que algo más es posible, que las cosas pueden cambiar y un milagro puede suceder. Eso nos da visión, nos da convicción y nos da poder.

Si huyo de mi grandeza, me alejo del universo

Un potencial sin límites hay dentro de mí, esperando ser activado por mi buena disposición para expresarlo. Con este conocimiento, soy un imán para el éxito en el mundo. Al trabajar con alegría, el mundo responderá con alegría. Conforme abro mi corazón, el camino se abre ante mí.

Hacer acopio de mi poder es un enfrentamiento para el ego. Pero hoy doy un paso hacia mi grandeza, para que el ego se desvanezca.

No voy a ser tentado hoy por la falsa humildad. Más bien recordaré que forma parte de la humildad, y no de la arrogancia, recibir y expresar el poder de Dios. El poder de Dios es siempre ilimitado, incluso dentro de mí.

Para ir a lo profundo,
me aseguro de ir lento

Cuando las cosas del mundo me inquietan, no necesito unirme al caos sino aferrarme a la paz dentro de mí. La manera de aumentar mi poder en un mundo que se mueve demasiado rápido es ir despacio. La única manera de extender mi influencia es aprender para ir hacia lo profundo de mí. El mundo que quiero para mí no aparecerá a velocidad electrónica, sino en la tranquilidad espiritual arraigada en mi alma. Entonces, y sólo entonces, puedo crear un mundo que encienda mi espíritu y no que lo destruya.

Querido Dios,

que hoy recuerde profundizar en cada momento,
para ver, escuchar y reflexionar realmente
en lo que sucede alrededor de mí.
Que la profundidad de mi visión y la claridad de mis
percepciones me lleven a un lugar de paz.

Amén.

Hoy bendigo al mundo

Al despertarme hoy, bendigo al mundo. Rezo para ser el servidor de lo sagrado y lo verdadero. Respiro profundamente y me entrego al plan que Dios tiene para mí. Dedico mi día a los milagros.

El llamado de mi alma es hacer milagros, el llamado para dejar atrás los pensamientos del miedo y reemplazarlos por pensamientos de amor. El miedo está muriendo para mí y para el mundo. Y el amor está sobre todos nosotros, si le permito estar dentro de mí.

El amor es tierno, pero el amor es fuerte. Los mansos heredarán la tierra por una razón: su fuerza tomará el mando de las cosas. Que la humildad de mi espíritu sea hoy una fuerza poderosa en mi vida.

Hoy considero que el amor es más importante que las cosas

Muchas veces he recibido objetos que pensé me harían feliz, sólo para descubrir que no es así. Buscar fuera de mí —por cualquier otra cosa fuera del amor, para completarme y ser la fuente de mi felicidad— es la raíz de la idolatría. El dinero, el sexo, el poder y cualquier otra satisfacción mundana nos da alivio temporal a los pequeños dolores existenciales.

Cuando doy valor a lo que no es amor —el dinero, el coche, la casa, el prestigio— deposito mi amor en cosas que no pueden amarme. Busco un significado en lo que no lo tiene. El mundo material, en sí mismo, no significa nada. No es que sea malo, sino que simplemente es nada.

Hoy no iré tras las naderías esperando que me den lo que no pueden darme. Me dirigiré hacia el amor, hacia la conexión, la belleza y el perdón para satisfacer mi alma. Al hacerlo, encontraré una paz que el mundo material no puede ofrecer. Y así podré sentirme en paz con el mundo.

Me desligo de las falsas creencias que aseguran que el mundo material es mi fuente de bienestar. En su lugar me entrego al entendimiento que sólo al comprender su significado puedo hallar mi reposo. Encuentro la paz interior al alejarme de la creencia de que el mundo exterior es mi salvación.

PARA REFLEXIONAR

Sobre la iluminación

Eres amado y tu propósito es amar. De una mente llena con amor infinito viene el poder para crear infinitas posibilidades. Tenemos el poder de pensar en maneras que reflejen y atraigan el amor en el mundo. Esta manera de pensar se llama iluminación. La iluminación no es un proceso hacia el que nos dirigimos, sino una elección disponible para nosotros a cada instante.

La iluminación es la respuesta a cada uno de nuestros problemas. En cada situación en la que parece que estás entre fuerzas sobre las que no tienes control, recuerda que Dios vive dentro de tu mente y no existen fuerzas que no estén bajo *su* dominio. De esta manera, a través de *su* poder en ti, no hay condiciones en el mundo sobre las que no tengas poder. Cuando tu bien es opacado por las apariencias de un mundo hostil, el universo está programado para elevarte de esa condición y llevarte de nuevo a la abundancia.

Hoy lo que hago es tan importante como el cómo lo hago

Todo lo que hago está lleno de la energía con la que lo hago. Sé que lo que estoy sintiendo se comunica de manera subconsciente con todas las personas, y cada pensamiento que tengo crea algún tipo de forma.

Tomar responsabilidad por mi energía es tan importante como tomar responsabilidad por mi comportamiento, y hoy lo haré. Busco ser en todas situaciones una bendición, un hacedor de milagros y un prodigador del amor. Que ése sea mi único objetivo, para experimentar verdadera paz.

Cada pensamiento, cada sentimiento, cada acción tiene consecuencias más allá de lo visible. Hoy rezo porque las emanaciones de mi mente y mi corazón sean purificadas del miedo y llevadas hacia el orden divino. Que pueda ser un instrumento de paz.

Estoy dispuesto a mirar
lo que debo mirar

Habiéndole pedido a Dios que sane mi vida, sé que una luz brillará sobre las cosas que debo mirar. Puede haber cosas que prefiero no ver de mí mismo, y hoy me comprometo conmigo para no desviar la mirada.

La luz no puede derramarse sobre la oscuridad, sino que la oscuridad debe ser expuesta a la luz. Si no, ésta tan sólo se descompone. Estoy dispuesto a que mi oscuridad venga a la luz para entregársela a Dios y orar para que sea transformada.

Querido Dios,

te entrego
mi oscuridad.
Por favor, derrama tu luz sobre ella.
Que yo sea llevado ante ti
y sea purificado del miedo.

Amén.

Hoy elijo
apoyarme en la fe

A mi mente nunca le falta la fe, ya que la fe es un aspecto de la conciencia. O tengo fe en el poder del miedo, o bien, en el poder del amor. A veces parece más fácil tener fe en el poder de mis problemas a creer que éstos puedan ser solucionados milagrosamente. Hoy elijo la fe en el amor.

Tener fe en un resultado positivo no quiere decir que esté negando un problema; sólo significa que existe una solución. Lo que pasará a continuación es el resultado directo de dónde pongo mi fe.

Querido Dios,

que siempre recuerde que tu invisible poder
trabaja en todas las cosas.
Que mi fe en el reino fuera de este mundo
venza mi miedo y transforme mi manera de pensar.
Que pueda invocar la evidencia
de que mi fe está puesta en ti.

Amén.

Reconozco el
poder de la oración

La oración transforma mi vida al cambiar quien soy. Me sitúa en un lugar distinto del ser dentro de mí. Me da confianza en un poder interior que no es mío, pero que hace por mí lo que yo no puedo. Evito hundirme en la conciencia de la víctima —una actitud que atrae todavía más victimización— lo que me lleva a ser positivo, para atraer también desenlaces positivos.

Hoy me entrego a la oración como mi método esencial para resolver problemas, dejando mis pensamientos en manos de Dios. Entrego mi filtro mental a Dios, pidiendo sólo ver con *sus* ojos.

Oro por felicidad para mí y para otros. Oro por ser un instrumento de la paz. Oro por una mayor capacidad de perdonar. Oro por el bienestar de todos. Oro porque el amor prevalezca.

Amén.

PARA REFLEXIONAR

La compensación divina

El universo se corrige y organiza a sí mismo como una expresión de la perfección divina. En la medida en que tu mente se alinee con el amor, recibirás una compensación divina por cualquier falta que pudiste tener en tu existencia material. De la sustancia espiritual se producirá una manifestación material. Esto no es sólo una teoría, sino un hecho. Es una ley con la cual opera el universo. Se llama la ley de la compensación divina.

Así como hay leyes objetivas y discernibles de fenómenos exteriores, así también hay leyes objetivas y discernibles de fenómenos internos. La ley de la gravedad, por ejemplo, no es sólo una "creencia". Es verdad tanto si crees en ello como si no. Las leyes espirituales tampoco son sólo creencias; son descripciones de cómo opera la conciencia. Una vez que conocemos esta ley —que hay una tendencia natural del universo para mejorar todas las cosas—, podemos ponernos en los brazos de Dios y permitirle que nos levante. Entrego mis pensamientos, luego él los eleva y mi experiencia cambia.

Hoy estaré más sensibilizado hacia el dolor de los otros

Con frecuencia ignoramos el sufrimiento de los demás, no sólo los que gritan de dolor, sino quienes sufren en silencio junto a nosotros. Que hoy sea más sensible hacia los que podrían necesitar palabras amables, un gesto de ánimo o alguien que escuche con paciencia sus historias.

No siempre recordamos lo sensibles que somos, ni cómo los otros también lo son. Que hoy sea una persona que se comporta con amabilidad, que escucha y tiene un corazón generoso. Que todos los que encuentro hoy sean bendecidos en mi presencia.

Querido Dios,

que hoy no olvide
que estoy aquí para amar,
curar el corazón del mundo
y perdonar las ilusiones
que otros y yo nos hacemos.
Hazme un instrumento
de un bien mayor.

Amén.

No me voy a acobardar ante el poder que Dios me da

Estoy en este planeta para prodigar el amor de Dios, no para alejarme de él. Dios es el poder del amor. En Él y a través de Él no hay nada que no pueda lograr. Estoy en la Tierra para buscar cuál es la voluntad de Dios para mí y seguir *su* guía.

No es mi poder, sino el suyo, el que se mueve dentro de mí conforme me entrego a la autoridad del amor. Rezo por ser usado para propósitos mayores que los míos y saber que seré enviado para tareas que sólo Dios puede escoger para mí. Mi camino está bendecido y mi éxito garantizado.

Querido Dios,

me quedo maravillado frente a tu majestad
y con gratitud porque me elegiste
para expresar tu gloria.
Que mi mente sea elevada
hacia otras alturas,
donde se encuentra tu poder,
para que yo también pueda ser magnífico.

Amén.

Hoy bendigo a todos los que me siento tentado a juzgar

Al negar el amor a los demás, me niego a mí mismo un milagro. Al evitar perdonar a otros, me niego el perdón a mí mismo. Hoy pienso en alguien a quien me siento tentado a juzgar, a culpar, a criticar, recordando que él o ella es un hijo de Dios. Si alguno de nosotros es amado por Dios, entonces todos somos amados por Dios. Que vea a todos los seres a través de los ojos de Dios, que conozca su inocencia y la mía.

Querido Dios,

Tú no juzgas
a quien yo querría juzgar.
Que pueda verlos como Tú los ves,
que no los juzgue más.
Que vea más allá del velo de la culpa,
al no centrarme en los errores de los otros.
Que vea en su lugar la luz de la inocencia
que es la verdad de quien realmente somos.

Amén.

Hoy tomo responsabilidad por el poder de mi mente

El poder de Dios está dentro de nosotros. Podemos hacer mal uso de su poder, pero no borrarlo. Ya sea que nuestros corazones estén abiertos o cerrados, con cada pensamiento expresamos el poder creativo de la mente. Ya sea que lo usemos para sanar o hacer daño, aceptamos el poder dentro de nuestra mente. Que todo mi poder sea usado hoy para el bien.

Con cada pensamiento se manifiesta una forma en algún nivel. Con cada pensamiento expreso amor o miedo. Que hoy sea consciente de mi poder, a través de cómo me comporto y cómo pienso.

Querido Dios,

que tu espíritu eclipse hoy mi mente
y purifique cada pensamiento de los estragos del miedo.
Que el modo de pensar del mundo no me tiente hoy
a alejarme del pensamiento de amor que es quien eres.

Amén.

PARA REFLEXIONAR

Enfrentar los límites con pensamiento ilimitado

Nuestro poder está en enfrentar circunstancias limitantes con pensamiento ilimitado. No es lo que nos pase a nosotros, sino lo que elegimos pensar de lo que nos sucede lo que determina lo que pase a continuación.

Si nuestras circunstancias nos tientan a pensar cosas como "Soy un verdadero perdedor", "Nunca tendré otra oportunidad", "Va a tomar una eternidad que esta situación se corrija" u "Odio al que ha hecho esto", entonces los milagros, aunque están programados dentro de la naturaleza del universo, no entrarán en nuestra conciencia. Están dentro de la computadora, pero no estamos eligiendo descargarlos. Con cada pensamiento que tenemos, atraemos o bloqueamos un milagro.

No son las circunstancias, sino nuestros pensamientos sobre ellas, las que determinan el poder de transformarlas. Podemos vivir en la victimización o en la victoria. Tenemos poder en cualquiera de los casos, poder para usarlo contra nosotros mismos o con la finalidad de liberarnos. El asunto es que siempre tenemos una opción, y no siempre es tan fácil como parece.

Hoy estoy totalmente presente en la vida

Cada momento lleva dentro de sí las semillas de los nuevos comienzos, de milagros, de infinitas posibilidades. Sólo mi falta de presencia y conciencia mantiene alejadas de mi vida esas realidades.

Hoy voy a estar ahí para la vida. Seré lo mejor que pueda. Dedicaré mi vida a lo bueno, lo sagrado y lo hermoso. Hoy no voy a desperdiciar mi vida.

Que hoy no me retengan las ilusiones de falta, las obsesiones de cosas insignificantes o los pensamientos de miedo. Que el amor que está en mi corazón pueda refulgir, creando milagros para mí y los demás. Hoy estaré totalmente presente en mi vida, para que mi presencia bendiga al mundo.

Mi poder en el mundo surgirá del poder de mi corazón

Mi poder no está en mi currículo ni en mis conexiones. Mi poder no está en lo hecho, ni siquiera en lo que hago ahora. Mi poder está en la claridad que tengo sobre por qué estoy en la Tierra. Mi deseo de servir a Dios creará los medios para hacerlo.

Dios puede usar hasta el currículo más débil. Él puede usar los regalos más pequeños. Cualquiera que sea mi regalo a Dios, sin importar lo humilde que parezca, Él puede transformarlo en un trabajo imponente a *su* favor. Mi mayor regalo para Él es mi devoción. Desde ahí, todas las puertas están abiertas.

Cualquier cosa que haga hoy, cualquier esfuerzo grande o pequeño para sanar el mundo, puede ser transformado en una obra grandiosa. Dedico mis esfuerzos —tanto mi trabajo personal como profesional— para ser usado por Dios. Me asombrará saber de lo que Él es capaz.

Sé que la salvación sólo puede darse en el presente

El único punto en donde el tiempo de Dios, o la eternidad, se intersecta con el tiempo lineal es el momento presente. Conforme permanezco totalmente en el presente, puedo trascender todos los pensamientos neuróticos del pasado y del futuro. El pasado y el futuro sólo existen en mi mente, pero pueden ser purificados si los dejo en manos de Dios.

Hoy me salvo de obsesiones del pasado y el futuro, de los remordimientos de lo que fue y lo que pudo ser y el deseo de aferrarme a un futuro que no controlo. Mi salvación consiste en relajarme en los brazos de Dios a cada momento, en total seguridad, al aceptar que sólo este momento es real.

Querido Dios,

por favor, sálvame
del tormento sin fin
de aferrarme al pasado o al futuro.
Manda a tu espíritu
a curar mi mente
de la tentación de quedarme en la insignificancia del tiempo.
Mantenme firmemente en el presente,
donde sé que soy bendecido.

Amén.

No esquivaré la responsabilidad
de verme a mí mismo

El ego prefiere que no vea con detenimiento a mi ser profundo, ya que allí entendería lo que puede ayudar a liberarme. Aprendería de la belleza sin fin más allá de la lucha de mi ser personal. Aprendería que más allá de mi tormento está la gloria de mi alma.

Hoy elijo una vida consciente. Voy a preguntarme dónde se han torcido las cosas: "¿Qué hice o no hice para producir este resultado?" Sólo entonces se me revelará la fuente de mi dolor. Pero sanaré en cuanto acepte mirarme con absoluta honestidad.

Querido Dios,

manda ángeles para acompañarme
en mi camino de autoconciencia.
Que la vergüenza no me desaliente
de mirar la verdad de mi comportamiento
ya que sólo viendo mis patrones
de conducta podré cambiarlos.
Por favor, aléjame de las sombras
que me esconden tu luz.

Amén.

PARA REFLEXIONAR

Escoger la fe

La fe es poder. Cambia tu vida al cambiarte a ti mismo. Te sitúa en una nueva manera de ser dentro de ti mismo. Te da confianza para apoyarte en algo que está en ti, pero no eres tú. Puede hacer por ti lo que no haces por ti mismo. Te mantiene fuera de una actitud de victimización —una actitud que sólo atrae más victimización— y te aleja de lo positivo, que también atrae más desenlaces positivos. Allí donde ponemos nuestra fe eso influye en lo que pasará a continuación.

Puedo tener fe en el poder del mundo, o en el poder de los milagros. Puedo tener fe en el miedo, o en el poder del amor. Puedo tener fe en el poder de las cosas externas, o en el Dios que vive dentro de mí.

Hoy me comunico
con amor y no con miedo

La palabra "comunicación" incluye la raíz de "comulgar". Si comunico sin comulgar, sin coincidir desde el interior con otra persona, no estoy comunicando.

Soy responsable por el espacio del corazón que se establece entre la persona con la que quiero comunicarme y yo. Si alguien se siente atacado, juzgado o culpado por mí, no me escuchará. Puedo hablar pero lo más seguro es que no sea escuchado. Hoy encontraré la inocencia en mí y en otros, el lugar de la comunicación sagrada, incluso antes de hablar. Así no sólo lo que diga, sino cómo lo diga, será escuchado como una manera de compartir y no de atacar.

Querido Dios,

por favor, ayúdame a comunicar
con amor y no con miedo.
Permíteme ser una confirmación para al que le hable
de su bondad esencial,
aun si han estado en el error.
Ya que de otra manera, yo también estaré en el error.

Amén.

Se puede confiar en el amor.
Sin amor, soy un desquiciado

El amor hace que todo funcione, al alinear situaciones terrenales con modelos naturales de un universo intencional y creativo. El amor es mi *salud mental*. El amor no me lleva a comportamientos poco razonables o inmoderados. Es el sistema que me guía para una vida sabia y en paz.

La manera de pensar del mundo puede llevarme a considerar que con frecuencia los caminos del amor son debilidades, mientras los del miedo son expresiones de fuerza. Nunca una perspectiva más absurda ha entrado en la mente humana. No voy a sentirme tentado a adoptar pensamientos de oscuridad; hoy voy a aferrarme al amor.

Querido Dios,

cuando el mundo
deposite en mí sus mentiras
y me tiente a percibirlo sin amor,
que tus ángeles protejan mi mente
y me mantengan firmemente en tu luz.

Amén.

Dios me asignó una función que sólo yo puedo realizar

Cada uno de nosotros tiene una parte única en el proceso de sanar el mundo. Cada uno de nosotros tiene asignada una función divina que sólo nosotros podemos realizar. En ese nivel divino, ninguno compite con otro, ya que el universo es infinitamente abundante.

Mi bien no le quita nada a nadie más, ni el de otro puede afectar el mío. Hay espacio suficiente para todos. Acepto esta tarea que me es revelada cuando abro mi corazón al amor.

Conforme busco vivir como Dios quiere que viva, Él me revelará lo que quiere que haga. Él me preparará de todas las maneras necesarias para llevar a cabo el papel que quiere que tenga. Sólo necesito relajarme en su presencia dentro de mí, y todo se llevará a cabo según el orden divino.

Amén.

La grandeza de Dios es un regalo que recibo con humildad

La grandeza de Dios es un regalo que se me ofrece y sirve a Dios cuando lo recibo. Tengo un poder latente que puede volverse mío si lo acepto. Con frecuencia me falta fe para saber lo *que* está dentro de mí, ya que me hace falta fe para reconocer *quién* está dentro de mí.

Hoy acepto con gratitud y humildad la presencia de Dios dentro de mí. Soy un vehículo del poder extático de la gracia, siempre listo para moverse a través de las venas de mi conciencia y de mi cuerpo. La grandeza de Dios es el antídoto para el sufrimiento del mundo.

Dios es grande, y Dios está dentro de mí, ya que Dios está en mi mente. Entrego mis pensamientos de fractura y miedo, para reemplazarlos por un amor sin fin. Entonces recibiré los regalos de Dios y los llevaré al mundo.

Aceptar nuestro llamado

Una de las transiciones más positivas que puedes hacer es pasar de ver tu trabajo como un empleo a verlo como un llamado. Un empleo es un intercambio de energía: haces una labor material y alguien te da dinero a cambio. Un llamado, sin embargo, es un campo orgánico de energía que surge de los aspectos más profundos de quien eres. Es la culminación de la persona que Dios te ha creado para ser y para hacer. Ver tu trabajo como empleo o verlo como un llamado hace toda la diferencia para permanecer o no en un universo milagroso.

Tú tienes un llamado simplemente porque estás vivo. Tienes un llamado porque eres un hijo de Dios. Tienes un llamado porque estás en esta Tierra con un propósito divino: llegar a tu mayor potencialidad creativa, expresando lo que eres intelectualmente, emocionalmente, psicológicamente y físicamente para que el universo sea un lugar más hermoso.

Conforme lo realizas, tu vida entera se vuelve un ministerio, una manera de servir a Dios y al mundo.

El perdón hace milagros

En cualquier momento puedo elegir dónde fijar la mirada. La puedo fijar en la culpa de alguien o en su inocencia. Al ver la inocencia, puedo trascender los efectos que la culpa pudo tener en mí.

Sólo lo que considero real puede tener efecto en mí. Al perdonar, hago real el amor y por tanto sólo el amor puede tocarme. Mediante el perdón dejo ir el miedo para hacer un milagro.

El poder del perdón es un milagro de Dios, un cambio en la percepción del mundo al espíritu, del pasado al presente, del miedo al amor. Es el mayor regalo que me da Dios y también mi mayor poder. Mi voluntad para perdonar también es mi refugio, mi seguridad y mi fuerza.

Dejo ir mi apego al sufrimiento del pasado

En la vida nuestras opciones son amargarnos o mejorarnos. Hoy elijo mejorarme, pues la amargura sólo se nutre a sí misma. Conforme reviso mi pasado, perdonando a otros y a mí mismo, me libero del daño de viejas heridas.

Aferrarme al viejo sufrimiento puede atraer la empatía de otros por un tiempo o, incluso, puedo conseguir su apoyo temporal. Pero eso no inspirará una invitación para empezar de nuevo, ni por parte de otras personas ni de parte del universo. Hoy puedo tener una queja o un milagro, pero no ambos.

Pongo mis quejas en manos de Dios y pido ser liberado de mi apego a las viejas heridas. Dejo ir mi apego a lo que no puedo cambiar y rezo por un milagro para liberarme de mi dolor. Dejo ir mis pensamientos de juicio y venganza, para ser libre.

No me castigaré por los errores de mi pasado

Las noches oscuras de mi alma me enseñaron muchas cosas: cuándo me equivoqué y cuándo hice lo correcto, quién he sido hasta ahora y quién seré hoy. Tomo la responsabilidad de mis errores, me arrepiento de ellos, hago lo que puedo para corregirlos y dejo que el perdón y la compasión me limpien.

Castigarme continuamente no le sirve a nadie ni a mí tampoco. Después de pasar por el fuego del remordimiento, deseo ir hacia delante y crecer a partir de mis errores. No voy a quedarme atorado en las ciénagas del odio de mí mismo. Aunque he cometido errores en el pasado, no estoy atado a ellos en el presente, ya que mi arrepentimiento es sincero. Dios mismo no quiere que castigue a quien Él ya ha perdonado.

Querido Dios,

por favor, ayúdame a aceptar tu compasión y tu perdón.
Que yo sea comprensivo conmigo mismo
como Tú eres conmigo.
Que empiece de nuevo
con un corazón libre de la culpa
que pongo sobre mí.

Amén.

Dejo mis defectos
de carácter a Dios

Sé que hay partes en mí, de cómo pienso y cómo me comporto, que son disfunciones de mi personalidad. Me siento avergonzado cuando las veo, y sin embargo no voy a mirar hacia otro lado. Las veo y me arrepiento. Dejo ir mis defectos de carácter y pido porque Dios se los lleve.

Sé que mis defectos no significan que soy malo, sino que me hirieron. Pero sin importar los acontecimientos que llevaron a ese desenlace, ahora soy responsable por mis defectos. Acepto lo que son y los entrego a Dios con una oración para que Él abra un nuevo camino en mi conciencia. Así estaré libre y liberaré a los que me rodean de quien he sido antes.

Querido Dios,

por favor, llévate
las cosas que me desvían de tu amor.
Te entrego mis pensamientos
que me atan a mis disfunciones,
y pido que tu espíritu venga a mí
y me cambie.
Llévame otra vez a mi ser esencial
para ser quien me has creado
de todas las maneras posibles.

Amén.

PARA REFLEXIONAR

Entregarse a Dios

Entregar una situación a Dios significa dejar tus pensamientos sobre ella. Tú estás programando tu mente para tener los pensamientos más creativos, positivos, inspirados y beneficiosos posible. No estás dejando tu responsabilidad o tu poder a algo fuera de ti mismo; más bien asumes la mayor responsabilidad al pedir a Dios que haga de tu mente la piedra de toque para avances milagrosos. Vas hacia delante con la confianza de saber que Dios provee.

Entregarse lleva a conseguir un mayor sentido del ser, no del ser falso sino del verdadero. Es un aumento de nuestra comprensión de quiénes somos cuando dejamos que nuestra mente se funda con el campo divino. Al dejar nuestras limitaciones físicas, nos abrimos a la totalidad del ser. En nuestro vacío, encontramos nuestra plenitud en Dios.

Hoy me libero del pensamiento de limitación

Hoy me libero de la creencia de límite, ya que no hay límites para la mente de Dios. No existen las dificultades dentro de los milagros. El universo es un campo de posibilidades cuánticas, con lo cual no hay limitaciones para lo que el amor hace.

Hoy no me inclino ante los dictados del ego sobre la carencia y la falta. Más bien, acepto la abundancia infinita del universo de Dios. Hoy me enfrento al mundo sabiendo que todo puede suceder, ya que no hay apariencias de falta o miedo que predominen sobre la voluntad divina. Dios es amor y el miedo es ilusión. Al saber esto, soy un hacedor natural de milagros y un creador de paz.

Que hoy me libere de los pensamientos limitantes, ya que los hijos de Dios no están atados y son libres. Que el espíritu de Dios pueda liberarme de los estrechos confines del pensamiento anclado en el miedo. Que pueda ser entregado a las infinitas posibilidades del amor. Libérame, querido Dios, de lo que el ego cree que es posible, de lo que se puede esperar y lo que se permite de acuerdo con sus duras consideraciones de quién soy yo.

Amén.

Hoy me dedico a los propósitos del amor

Lo que se pone al servicio del amor está protegido de las garras del miedo. Lo que se pone al servicio de la cordura está protegido de las garras de la neurosis. Lo que se pone al servicio de lo bueno, lo sagrado y lo hermoso está protegido de las fuerzas de la destrucción. Hoy pongo mi vida al servicio del amor.

El ego no tiene poder en la presencia de lo sagrado, y mi mente es divina. Hoy dedico mis horas, momento a momento, a los propósitos del amor, como una manera de sacar de mi mente los miedos del ego que podrían avasallarme.

Querido Dios,

dejo todo lo que soy
y todo lo que tengo
en tus manos.
Toma cada pensamiento
que no sea tuyo
y llena mi mente
con tus emanaciones
del amor.
Así sea.

Amén.

Uso las oraciones y la meditación para ejercitar mi cuerpo espiritual

Mientras la comida es el combustible para mi ser físico, la meditación y la plegaria lo son para mi ser espiritual. Mientras el ejercicio fortalece a mi cuerpo, los ejercicios espirituales fortalecen mi espíritu.

La gravedad funciona tanto a nivel físico como emocional. Igual que no deseo que la gravedad haga descender mis músculos, tampoco deseo que la gravedad espiritual reduzca mi mente. Trabajo contra la gravedad emocional —los pensamientos de miedo, cinismo, negatividad, victimismo, enojo, necesidad de juzgar y ponerse a la defensiva— al orar y meditar durante el día.

El ego tratará constantemente de que me aferre a una interpretación del mundo basada en el miedo. Hoy volaré con alas de ángeles —los pensamientos del amor— sobre las luchas de la confusión del mundo. Oro y medito para que mi mente permanezca en el amor. Y entonces volaré sobre las ilusiones del mundo.

Que hoy escuche
la voz del amor

Que hoy escuche la voz de Dios sobre la voz del ego. Que la calma del amor anule el caos del miedo en mi mente y en el mundo.

Hoy pido aprender todo lo que pueda; tomar la inspiración y la sabiduría que Dios ponga dentro de mi corazón. Que mis pensamientos se iluminen con *su* perdón. Que el amor sea mi piedra de toque y mi salvación del miedo. Que *su* voz esté conmigo durante todo el día.

Querido Dios,

que hoy no puedan influirme
las proyecciones de la culpa,
los ataques y defensas
las limitaciones y el miedo.
Más bien, que tu amor
llene mi mente
para estar totalmente tranquilo
entre tus brazos.

Amén.

PARA REFLEXIONAR

Afirmar que sólo
el amor es real

En una situación donde el amor no es lo que prevalece, afirma que sólo el amor es real. Dilo, repítelo, cántalo como un mantra. Deja que haga desaparecer todos los pensamientos de culpa, juicio y miedo. Piensa en las malas intenciones de una persona, y afirma que sólo el amor es real. Ve una historia terrible en las noticias, y afirma que sólo el amor es real. Siente tus miedos de esto o de lo otro, y afirma que sólo el amor es real. Esto no te pone en un estado de negación, sino de trascendencia. No haces como si algo realmente no sucediera, sino que lo que sucede no existe *realmente*. Y tal y como la Bruja Mala del Oeste desapareció cuando Dorothy le echó agua encima, ninguna manifestación del miedo permanecerá por mucho tiempo una vez que la humanidad por fin haya entendido que sólo el amor es real.

Hoy elijo poner mi mente en los milagros

Por medio de la autoridad de los pensamientos amorosos transformo cualquier circunstancia en una situación basada en el amor, tan sólo pensando en ella de manera diferente. Hoy elijo poner mi mente en los milagros. Donde hay miedo, escojo el amor. Donde veo culpa, escojo perdón. Donde siento carencia, escojo recordar que en Dios todas las cosas son posibles.

Los milagros intercederán por mi santidad cuando elija el amor, proyectando la luz interior hacia un mundo en oscuridad. Hoy elijo el poder de Dios sobre las debilidades de mi ego, para guiarme y liberarme.

Donde hay amor, hay milagros. Los milagros ocurren de manera natural cuando uso mi mente para apoyar sus propósitos. Hoy me dedico a obrar milagros en mí y en el mundo.

Amén.

Sólo el amor da significado a mi vida

Del amor infinito brotan infinitas posibilidades. Soy amado y mi propósito es amar. Tengo el poder de concebir formas que reflejan y atraen todo el amor del mundo. Esa manera de pensar —o iluminación— no es un proceso en el que pongo mi dedicación, sino una opción inmediatamente disponible para mí en cualquier instante.

El mundo me dirá que mi propósito es éste o aquél, que mis objetivos deben ser éstos o aquéllos y que el significado está en esto o en aquéllo. Pero el amor —mi habilidad para dar y recibir— es el único significado de la vida. Que hoy pueda recordarlo.

Dios, y sólo Dios, es la fuente de mi bien. El amor, y sólo el amor, es la fuente del significado de mi vida. El perdón, y sólo el perdón, es la clave para mi liberación del dolor de un corazón roto.

Conforme dejo ir el pasado, dejo que los milagros aparezcan en el presente

Mi situación puede ser desalentadora. Pude cometer un enorme error, hacer un pésimo trato o ser traicionado por otros. Sin embargo, lo que importa es lo que pienso ahora: ¿estoy viviendo en el pasado o permitiendo que se dé un milagro en el presente? ¿Me culpo a mí y a otros, o me perdono a mí y a los otros? ¿Me apego a antiguas situaciones o me abro a nuevas posibilidades?

El universo crea un camino hacia delante en el momento en que alineo mis pensamientos con pensamientos de amor. Las leyes del tiempo y del espacio son maleables, ya que a través de lo sagrado las trasciendo. No sólo tengo derecho a recibir ayuda: tengo derecho a los milagros.

Querido Dios,

por favor, límpiame
de los miedos del pasado.
Que mi atención no se quede atrás
cuando entre en la luz de este instante sagrado.
Hazme permanecer en el presente donde Tú resides
y donde yo pertenezco,
porque así los milagros serán míos.

Amén.

Me deshago de mis enemigos al hacerlos mis amigos

La única manera para salir de la enemistad es a través del perdón. Me rehúso a permitir que mis quejas escondan la luz de Dios en mí. Me libero de los juicios, ya que causan que mi corazón sufra.

Pienso en la gente que culpo y les mando amor. Pienso en aquellos por los que siento resentimiento y les deseo lo mejor. Pienso en los que me han herido y rezo por su felicidad. Así el espíritu penetrará en mi mente y me liberará del dolor de mi propia condenación.

Al pensar en cada persona que me ha dañado (o que eso creo), al pensar en todos lo que me traicionaron (o que eso creo), o al pensar en todos los que están mal (o que eso creo), ahora me permito soltar toda condenación. Dejo a Dios todos los esfuerzos por equilibrar lo que está bien y mal de cada uno, y pido que ahora todos estemos en paz.

Amén.

PARA REFLEXIONAR

Quitarle al ego su poder

El ego nos enseña que algunas cosas como los títulos, el prestigio, el dinero y el poder mundano son más importantes que el amor. Nos dice que estamos separados de los otros, necesitamos competir para salir adelante y no somos lo suficientemente buenos. Y al pensar esas cosas, perpetuamos un mundo en el que eso parece verdad.

Podemos escapar de ese mundo cambiando los pensamientos que lo crearon. Situaciones como reconocimiento, prestigio, dinero y poder del mundo se refieren a nuestro ser externo y nuestro ser externo no es quien somos. Una vez que sabemos esto escapamos de ese mundo. Conforme nos damos cuenta de que no estamos aquí para hacer ninguna de las cosas que el ego sugiere, sino para amar, perdonar, servir y sanar, entonces le quitamos poder al ego. Igual que la Bruja Mala del *Mago de Oz* comenzó a fundirse en el momento en que Dorothy echó agua sobre ella, así el ego pierde su poder cuando le damos todo el poder a Dios.

El amor es con lo que hemos nacido. El miedo es lo que hemos aprendido aquí. El viaje espiritual es la renuncia —o desaprendizaje— del miedo y la aceptación de que el amor regrese a nuestros corazones. El amor es el hecho esencial. Es nuestra mayor realidad y nuestro propósito en la Tierra. El sentido de la vida es estar consciente de ello y experimentar amor en nosotros mismos y en los demás.

Dejo ir el concepto negativo que tengo de mí mismo

Deseo pensar en mí como Dios piensa en mí, y conocerme como Él me conoce. Yo fui creado, como todos nosotros, divinamente perfecto. Aunque no expreso mi perfección de manera consistente, mi espíritu creado por Dios es, sin embargo, perfecto.

Dejo ir cualquier concepto negativo de mí mismo que no pueda apreciar la belleza de Dios dentro de mí. Una percepción negativa de mí no le sirve a nadie, ya que esconder de mis ojos mi propia luz también me ciega para ver la de los demás. Elijo ver la luz y la belleza en todos, incluso en mí.

Querido Dios,

que pueda conocerme
como tu hijo amado.
Que siempre pueda recordar
que Tú me has creado
en santidad y amor.
Así es quien soy
y así me quedaré.

Amén.

Envejecer no
me quita belleza

El universo nunca renuncia a mí, ni considera que no soy suficiente o que mi valor está en mi pasado. Sólo si pienso en mí de esa manera, bloquearé el flujo de milagros que está en mí y pasa a través de mí.

Mi valor no estriba en la declinación de mi belleza física. Conforme mi belleza externa se desvanece, mi belleza interna brilla más fuerte. Para el universo nunca soy invisible.

Me doy cuenta de que la luz en cada uno de nosotros es la preciosidad del universo, sin importar nuestra edad ni condición física. Vivo con humilde gratitud por la luz que brilla dentro de mí. No seré tentado con pensamientos mundanos que escondan mi valor.

Estoy en contacto con

mi enojo y lo dejo ir

Quiero estar en contacto con mi enojo pero también quiero dejarlo ir. Lo que no quiero es proyectarlo sobre alguien más, en la falsa creencia de que entonces me sentiré mejor. Ese comportamiento sólo ofrece un alivio temporal, porque entonces el sufrimiento se vuelve más persistente.

Si siento enojo, debo reconocerlo. Pero no necesito ni debo expresarlo de maneras disfuncionales. Si siento enojo, acepto que está ahí y se lo dejo a Dios para su transformación. Mi espíritu realiza la alquimia de mis emociones, para estar por encima de ellas.

Pido que mi enojo se transmute en amor, para que se me muestre otra manera de manejar mi desesperación. Que mi enojo sea reemplazado por una mejor perspectiva. Hoy doy un paso por la capacidad para ir más allá de mi emoción, conforme pongo mi tentación de ceder a pensamientos de ataque en manos de Dios.

Dios me perdona porque nunca me ha juzgado

Dios me ama cuando actúo sabiamente y también cuando actúo tontamente. Su amor no se basa en lo que hago, sino en quién soy. Dios sabe quién soy, yaque Él me ha creado. El amor de Dios es incondicional.

Mis errores no merecen el castigo de Dios, ya que Él es su solución. Conforme me arrepiento de mis errores —dispuesto a cualquier desagravio con un corazón dócil— entonces *su* mano misericordiosa reordenará los acontecimientos para permitir los nuevos comienzos. Ése es el milagro de un Dios que no juzga, fuente de todo bien y razón de la alabanza infinita.

Cuán increíble es Dios que, aun cuando he caído de la gracia y de la verdad dentro de mí y del amor que es el significado de mi vida, Él todavía me ama. Cuán misericordioso es Dios que, incluso cuando he roto el vínculo que me ata a su justicia, Él ha creado el arrepentimiento que me permite una vida nueva. Mi gratitud es profunda y siempre lo será.

Amén.

PARA REFLEXIONAR

Meditar por la mañana

Muchos hacen yoga o ejercicio por las mañanas. Muchos toman el desayuno, leen el periódico y se dan un baño. Pero los que adquieren más poder son quienes meditan.

A través de la meditación cultivamos nuestra fuerza interna y dejamos salir nuestro poder interior. Alineamos nuestro espíritu con Dios y ponemos nuestra mente bajo *su* dirección para recibir *su* guía divina. Abrimos nuestro corazón a lo sagrado y recibimos el día con amor antes de ir calmadamente hacia las labores diarias. Nos preparamos como hacedores de milagros para desempeñar nuestro trabajo.

Que hoy mi camino esté sin obstáculos, conforme yo quito los obstáculos de mi corazón

El camino ante mí no está construido en la piedra sino en mi conciencia. Todos los pensamientos de temor crean temor; todos los pensamientos amorosos crean amor. Hoy quito los obstáculos de mi corazón para ir por el camino del amor.

Sin importar la senda tomada hasta este momento en mi vida, puedo cambiarla conforme transformo mis pensamientos. Me perdono a mí y a los demás, dejo ir el pasado y el futuro, y recuerdo que no hay límites para los milagros que vienen de Dios. Así me libero del miedo y voy por la senda del amor.

Querido Dios,

que mi mente no se aleje del amor.
Que mi corazón no se aleje del amor.
Que mis pies no se alejen del amor.
Ni ahora ni nunca.

Amén.

Que mis ojos se abran a los milagros que me rodean

El universo comienza a cada instante. Los milagros no suceden en el pasado ni en el futuro, sino *ahora*. A cada momento Dios derrama *su* amor, con oportunidades infinitas para la renovación y el renacimiento. Su voz proclama eternamente: "Aquí está la gloria del universo. Tómala, porque es tuya."

Que hoy no me resista a la belleza de la vida, a los colores de la naturaleza o a las tonalidades de la luz. Que no pueda endurecerme frente a la fragilidad de mi corazón. Que no abandone el campo de milagros frente a mí a cada momento de mi día.

Querido Dios,

abre mis ojos para que pueda ver
y abre mis oídos para que pueda escuchar
la magnificencia del todo.
Abre mi mente para conocer.
Abre mi corazón para sentir
el resplandor del todo.
Abre mi alma para comprender
el milagro que eres.

Amén.

Soy el que Dios me creó para ser

Soy un hijo de Dios. Fui creado en un destello cegador de creatividad, en un pensamiento primario cuando Dios crecía en el amor. Todo lo que toca está colmado de *su* maravilla y Él me ha tocado a mí.

Mi yo perfecto no es algo que necesito crear, porque Dios ya lo hizo. Mi yo perfecto es el amor dentro de mí. Dejo que *su* espíritu quite los pensamientos de miedo que rodean a mi ser perfecto, para llevar al mundo la luz que Él ha puesto dentro de mí.

Que cada pensamiento que tenga y cada sentimiento que sienta sea una extensión del amor de Dios. Que el miedo y la ilusión se queden a los lados del camino conforme acepto el conocimiento de quien en realidad soy. Soy quien Él ha creado, y nada más es real.

Dios y yo somos uno

Dios es mi fuente, que sigue llenándome con *su* cuidado y amor. No estoy nunca sin *su* apoyo, ya que a cada momento derrama en mí *su* elíxir divino. Cada célula en mí se abre para recibir *su* luz.

No voy hacia las cosas exteriores para completarme, ya estoy completo en Dios. No voy hacia las cosas exteriores para apoyarme, estoy apoyado por Dios. Sólo necesito saber quién soy realmente y cuál es mi relación con Él. Vivo en Él como Él vive en mí; Dios y yo somos uno.

Dios está más cerca de mí que mi propio aliento. Él es la luz de la compasión y el poder del perdón. Él es la verdad de mi ser y la fuente de mi fuerza. Siempre que recuerde esto, sabré quién soy.

PARA REFLEXIONAR

Dejar ir quienes no somos para ser quienes somos

Cuando a Miguel Ángel le preguntaron cómo hacía una escultura, contestó que la estatua ya existía dentro del mármol. Dios mismo ha creado *La Piedad*, *David* y el *Moisés*. El trabajo de Miguel Ángel, como él lo veía, era quitar el exceso de mármol que rodeaba la creación de Dios.

Lo mismo sucede contigo. Tu yo perfecto no es algo que necesites crear porque Dios ya lo creó. Tu trabajo es dejar que Dios quite los pensamientos de miedo que rodean a tu ser perfecto, como Miguel Ángel quitaba el exceso de mármol alrededor de la estatua perfecta.

Los grandes seres iluminados del mundo han hecho esto, actualizaron el potencial espiritual dentro de todos. Al seguir su camino, seguimos el camino que lleva a nuestra propia iluminación. Nuestra tarea es quitar la confusión superficial que rodea a nuestro ser resplandeciente.

El rechazo no viene
de mi ser verdadero

Lo real no puede ser rechazado. Si alguien no ve mi belleza, no es porque no exista. Si alguien no aprecia mi valor, no es porque sea menos valioso. Mi valor —como el de todos— es inestimable porque ha sido establecido por Dios.

Ninguna opinión puede aumentar o disminuir la verdad de quien soy. Que yo pueda aceptar a otros como Dios me acepta. Que nadie se sienta rechazado por mí, como yo no me siento rechazado por nadie.

Que me levante por encima del dolor del rechazo, conforme recuerdo quien soy en realidad no puedo ser rechazado. Que la aceptación de Dios signifique para mí más que la aceptación de cualquier persona, porque se basa en mi verdadero valor. Que los demás se sientan aceptados por mí tanto como yo deseo ser aceptado por ellos.

Hoy no me dejaré intimidar

Hoy no permitiré que la falsa modestia me impida reclamar el poder dentro de mí. Dios me ha dado el poder para usarlo en *su* nombre, y no le sirve a nadie que yo esconda mi luz. Pretender ser menos de lo que soy es jugar un juego en mi perjuicio.

La verdad es que sólo he arañado la superficie de los regalos que puedo dar al mundo, y mi misión mientras estoy en la Tierra es dar a la vida todo lo que tengo. Llegué a este planeta con una gran carga de poder de la cual sólo he experimentado una pequeña fracción. Conforme dedique este poder al servicio de la recuperación del mundo, se encenderá una gran fuerza. Ése es quién soy.

Hoy veo la belleza, el poder y la importancia en todos y cada uno, para verlo también dentro de mí. Aceptar el poder de Dios dentro de mí es una acción humilde y no arrogante. Nada en el mundo se equipara a la importancia de los regalos que Dios me ha dado.

Todos somos especiales
y ninguno lo es

Cada corazón tiene una enorme potencia para la grandeza. Cada uno lleva dentro la misma chispa eterna, la misma semilla de Dios. Cada uno es igual en el nivel más profundo de nuestra alma.

Que hoy reconozca a todos como hermano o hermana dentro de mi viaje por la vida, que lucha y busca tanto como lucho y busco yo. Que ofrezca a todos los que encuentro la misma compasión que quiero recibir de otros. Que mis ojos se abran a la verdad tras el velo de las apariencias.

Querido Dios,

*que hoy no pueda echar
a nadie de mi corazón.
Que vea a todos como hermanos
en la luz
y como compañeros a lo largo del camino.
Que vea en todos nosotros
la verdad que eres.*

Amén.

Mi camino espiritual es el significado de mi vida

La espiritualidad es un fuego interno, el apoyo místico que nutre mi alma. El camino espiritual me lleva hacia mi interior, a la llama sagrada en el centro de mi ser. Este viaje me da ojos para ver y la fuerza interna para vivir el misterio de lo real.

Cuando camino por los senderos del viaje externo, fuera del fragor de las verdades místicas, estoy frío y sin vida espiritual. Cuando estoy perdido en las ilusiones del mundo, soy mucho menos que mi propio potencial. Hoy me abro al mundo más allá del velo de las apariencias y encuentro al fin el significado de mi vida.

Que mis ojos puedan abrirse hoy y penetren la oscuridad de un mundo que ha olvidado el amor. Que mis oídos escuchen los clamores del corazón dentro de cada alma. Que no sienta las tentaciones del pensamiento del mundo a punto de olvidar por qué estoy aquí.

PARA REFLEXIONAR

Recordar quiénes somos

Somos los herederos de las leyes que gobiernan el mundo con el que nos identificamos. Si pensamos que somos sólo seres del mundo mortal, entonces nos gobernarán las leyes de carencia y muerte que rigen al mundo. Si nos consideramos hijos de Dios, cuya verdadera casa está en el nivel de conciencia más allá de este mundo, entonces nos encontraremos "bajo la ley de Dios y ninguna otra".

El sentido que hemos dado a quienes somos determinará nuestro comportamiento. Si pensamos que somos criaturas pequeñas, limitadas e inadecuadas, entonces tendremos una tendencia a comportarnos así, y nuestra energía irradiará esos pensamientos. Si nos vemos como seres espirituales con una infinita abundancia de amor y poder para dar al mundo, tendremos la tendencia de comportarnos de esa manera. Quienes creemos ser determinará lo que hagamos; lo que hagamos determinará lo que experimentemos; y lo que experimentemos determinará nuestro sufrimiento o nuestro gozo. Es difícil no sobrestimar la importancia de recordar quiénes somos.

Hoy soy una fuerza de contracorriente para la desesperación del mundo

Hoy es un momento de renacimiento y renovación. Nuestro mundo está amenazado por una identificación excesiva con el mundo material. La humanidad está llamada a despertar del estupor irresponsable en el que está sumida, en el cual hemos olvidado que los dictados del amor deberían ser el centro de lo que hacemos. Hoy me comprometo a tomar un camino de despertar, en el cual sea de utilidad para lo nuevo.

Que todo lo que hago y lo que creo sea de utilidad para Dios. Que mi vida sea una fuerza de contracorriente, aunque sea pequeña, ante la desesperación del mundo. Que los productos de mi mente y los trabajos de mis manos tengan resultados milagrosos para todos.

Hoy mi vida es radicalmente nueva

Hoy elijo no ser el mismo de ayer. Elijo no identificarme más con la oscuridad de mi pasado. Elijo desligarme del drama de tiempos pasados. Pongo mi vida en manos de Dios.

A través de Él acepto la bendición radical de las nuevas posibilidades. Mi corazón se descarga de las sombras de los recuerdos dolorosos, ya que en Dios tengo nueva vida.

Hoy veré hacia dentro de mí, no hacia atrás, para darme cuenta del milagro del renacimiento. El pasado ya terminó y vive sólo en mi mente. Me perdono a mí mismo y a otros, y camino confiadamente en la luz de Dios.

Hoy es el día por el que he rezado

Cada día me ofrece el milagro de la vida, si me abro a recibirlo. Todos me ofrecen el milagro del amor, si estoy dispuesto a bendecirlos. Cada momento me ofrece la oportunidad de comenzar de nuevo, si estoy abierto a los mensajes que me manda.

Hoy es el día por el que he rezado, un día de paz y bendiciones para todos. Dios ha creado sólo cosas bellas. Que a través de Él yo esté a su altura.

Querido Dios,

que pueda ser uno
con tu genio creativo
dentro de mí.
Que pueda asociarme contigo
para cocrear un mundo
de belleza y bendición
para todos.
Úsame para que sea de utilidad.
Así sea.

Amén.

No estoy solo en el camino de la vida

L o que pase por mi vida hoy, sé que será parte de mi camino.

Si estoy feliz, no daré mi felicidad por sentado. Si estoy triste, recordaré que los tiempos cambiarán. Si hay conflicto, rezaré por un milagro. Si hay miedo, le daré más fuerza al amor.

Cada momento es parte del currículo divino, y no deseo evitar sus lecciones. Hoy abro mi corazón a la intensidad de la existencia, rezo por recibir sus bendiciones sin importar lo que éstas sean.

No voy solo por el camino de la vida, ya que Dios está dentro de mí y alrededor de mí. Estoy bendecido y protegido en todo lo que hago. Cada momento tiene un regalo para mí. Que pueda recibirlo y compartirlo con otros.

PARA REFLEXIONAR

La autoridad milagrosa de un corazón despierto

Hasta que recordemos que cada uno de nosotros merece milagros, es fácil desesperarse frente al estado del mundo. Si pensamos sobre el poder sólo en términos externos, es fácil perder la esperanza cuando los sistemas de injusticia toman el control.

Pero cuando recordamos la magia de nuestro ser interior —que activa otras fuerzas a través de la devoción y el amor— accedemos a niveles donde reina la autoridad milagrosa que puede y hace trascender las injusticias del mundo hasta disiparlas. Ningún sistema tiránico puede resistir dentro de un corazón despierto. En un espacio de luz, la oscuridad desaparece. En un espacio de amor, el miedo desaparece. En un espacio donde la gente sabe quiénes somos, por qué estamos aquí y quién vive dentro de nosotros, es tan sólo una cuestión de tiempo para que las crueldades del mundo comiencen por fin a desvanecerse ante nuestra mirada.

Que la paz de Dios se extienda a través de mí

Yo no busco la paz sólo para mí, ya que no vivo solo en el universo. Que el manto de paz divino se cierna sobre mí y se extienda a través de mí.

El mayor regalo que Dios me hace es la tranquilidad de mi corazón. Dentro de esa calma, que encuentre mi sabiduría. A través de mi sabiduría, que encuentre mi fuerza. Y al ver mi fuerza, que otros encuentren la suya dentro de sí mismos.

Los regalos de Dios no son sólo para uno de nosotros, ya que todos juntos somos bendecidos y sanados. Hoy recibo los regalos de Dios para todos. Que mi vida sea un canal a través del cual surja para el resto del mundo.

Al ser consciente de mis debilidades, puedo entregárselas a Dios

En lugar de esconder mis faltas, trato de buscarlas de manera consciente para entregárselas a Dios. Lo que le doy a Él, Él lo retira de mí. Él no va a castigarme, sino a corregirme. No le temo a la venganza de Dios, ya que Él no es vengativo.

Mi mayor regalo a Dios y a los otros es ser quien soy capaz de ser. Que hoy sea un día de crecimiento para mí. Que hoy no repita viejos patrones de conducta, sino que pueda romperlos para llegar a las regiones de mi ser superior. Que Dios quite todo lo falso en mí y me fortalezca en *su* belleza y en *su* verdad.

Querido Dios,

busco ser
lo que soy capaz de ser.
Elimina de mí
los pensamientos
que esconden tu luz de mí.
Que hoy sea un día
en que me libere
de los viejos hábitos del miedo
que me atan.

Amén.

Hoy incremento mi fe en los milagros

Cuando veo a mi alrededor, encuentro razones para creer en el poder de mis problemas y los problemas del mundo. Pero en su lugar pongo mi fe en los milagros. No hay problema que el amor no resuelva; al saber esto y dar firme testimonio, y al practicarlo, me vuelvo un hacedor de milagros.

Si creo que un problema no tiene solución, pongo la luz de Dios sobre él. Uso mi mente para afirmar que Él está en todo lo posible. No dejo espacio en mi mente para dudarlo. Al negarme a la duda, incremento las posibilidades para que un milagro ocurra.

Que hoy no ceda a la tentación de creer en el testimonio de mis sentidos sobre el testimonio de Dios. En cualquier situación, que siempre recuerde la posibilidad de las infinitas posibilidades. Que mi mente sea un canal para los milagros, pues mi fe sabe que en Dios hay una provisión infinita.

Uso el poder de la actitud positiva para superar cualquier situación

Mis dudas, miedos, negatividad y juicios tienen un gran poder destructivo. Mi fe, mi amor, mi positividad y mis bendiciones tienen un poder milagroso. Hoy usaré mi poder sabiamente.

A veces sólo se necesita una palabra de aliento, un gesto de ternura o una sonrisa amistosa para llevar esperanza al corazón de una persona. Esos momentos son el amor de Dios en la Tierra. Hoy seré *su* representante, al hacer mi mejor esfuerzo para llevar amor y esperanza ante cualquier circunstancia.

Adondequiera que vaya, que el amor y la paz se manifiesten porque yo estoy allí. Que mi mente esté alerta para quitar obstáculos del camino de otro. Querido Dios, por favor, sálvame de una vida consagrada sólo a mí mismo.

PARA REFLEXIONAR

Purificarse en el dolor

El caos con frecuencia produce la mayor creatividad. Las crisis por lo general preceden los mayores avances. Y cuando el dolor es mayor podemos estar cerca de nuestra mayor realización.

El ego prefiere que no veamos directamente la oscuridad. No quiere que *investiguemos* nuestro dolor, porque así podemos aprender de él. El ego sabe que las crisis con frecuencia llevan al momento crucial cuando caemos de rodillas para pedir a Dios su ayuda. El ego se siente amenazado por esos momentos críticos, prefiriendo que un suave río de miseria bordee el trasfondo de nuestras vidas, pero nunca lo suficientemente mal para preguntarse de dónde viene ni lo que significa. Sin embargo, el momento más doloroso, una vez vivido y procesado, es nuestra oportunidad para "destrozar a Satán y eliminarlo para siempre". Cuando el dolor te haya quemado lo suficiente pero no anestesiado, entonces nuestra oscuridad se dispersa en luz y viene el perdón: entonces, y sólo entonces, saldremos adelante. Y lo hacemos. Nuestro ego lo sabe y empeña su existencia en mostrarte que no es posible.

Lo que doy a otros lo recibiré

Lo que pongo en el universo, el universo lo pondrá en mí. No puedo escapar a la ley de causa y efecto, que es mi protección cuando soy amable, y mi maestra cuando no lo soy. Hoy elijo ser generoso, porque es en mi propio beneficio. Lo que doy a otros lo recibiré.

Hoy no seré tentado a negar, aunque sea de manera sutil, cómo retengo el amor que podría dar a otros. No fingiré ignorancia sobre las causas de los sucesos desafortunados en mi vida, cuando sé en mi corazón que he sido la razón de esto. Me arrepiento de mis errores y puedo empezar de nuevo, sabiendo que el amor y sólo el amor puede guiarme de verdad.

Hoy busco dar lo que me gustaría recibir. Que pueda dar amor, comprensión, perdón y aliento. Que pueda escuchar mejor, dar más apoyo y hablar con amabilidad. Y cuando me desvíe, que sea perdonado.

Que recuerde que todo corazón es frágil

Siempre soy muy sensible a la fragilidad de mi corazón, olvidando que los demás son tan frágiles como yo. Todos tememos por momentos, y todos amamos. Todos peleamos y todos deseamos. Todos estamos heridos por momentos, y todos herimos a veces a otros.

Que sea menos sensible a mis heridas y magulladuras y más sensible al dolor de los otros. Que el rango de mi compasión se extienda más allá de mí mismo y conlleve una mayor consideración por el dolor de los demás. Las cicatrices de mi corazón pueden estar escondidas a la vista, pero todos las llevamos y buscamos amor.

Querido Dios,

por favor, cura mi corazón egoísta
y hazme más sensible
al dolor de los demás.
Que pueda sentir compasión
por todo el sufrimiento,
no sólo por el mío.
Que tu corazón lata
a través del mío.
Así sea.

Amén.

Dios es tanto mi madre como mi padre

Aunque haya tenido los mejores padres, o los más abusivos e incluso aunque no los haya tenido, Dios es mi verdadera madre y mi verdadero padre. Es la fuente y mi gran apoyo. Mi ser espiritual es criado por Dios.

Como adulto, Él vuelve a criarme. Recibo su herencia divina en la mente, que es su legado. Como su hijo tengo derecho a los milagros que aparecen en cuanto recuerdo quién soy. Que piense y actúe como corresponde a mi verdadero origen.

Recibo la crianza de Dios y mi identidad como su hijo. Me desligo del falso condicionamiento del mundo, recibiendo el amor que es mi pasado, mi presente y mi futuro. Me regocijo en mi origen verdadero y en mi verdadera vida.

Amén.

Cuando la justicia me llame, que pueda responderle

Aunque vivo una vida de abundancia, hay muchos en el mundo a quienes injustamente les falta. Están abrumados por el dolor y el sufrimiento de sistemas-procesos sobre los que no tienen control. Que mi vida, de cualquier manera posible, quite la carga de los que sufren por las injusticias del mundo.

Que no olvide que estoy aquí para llevar la compasión de Dios, ayudar a reparar el mundo, sanar el corazón de la humanidad. Lo que pueda hacer, con mi amor y mis esfuerzos, que sea mi guía y me dé poder para realizarlo.

Querido Dios,

que el amor se derrame sobre mí
y me use como su vehículo.
Que mi vida sea de utilidad
para quienes sufren.
Que mis esfuerzos hagan justicia
a los que la necesitan.
Que mi vida sea de todas las maneras posibles
tuya.

Amén.

PARA REFLEXIONAR

Saber que lo que queremos

ya existe

E l adagio de la Biblia que dice "Dichosos los que creen sin haber visto" significa: "Los que tienen el poder son quienes recuerdan que existe una mayor verdad, aun cuando las circunstancias te llevan a creer lo contrario."

Cuando un piloto no ve el horizonte debido a la falta de visibilidad, él o ella no asume que el horizonte ha desaparecido. En un momento de poca visibilidad, el piloto vuela guiándose por los instrumentos que pueden evaluar más claramente la situación de lo que él o ella puede. La fe es como ir en piloto automático: actuar sabiendo que aunque no puedes ver las posibilidades del momento, eso no quiere decir que no existan.

Es fácil tener fe en la abundancia infinita de Dios cuando tenemos millones de dólares en el banco. Es fácil tener fe en el amor cuando lo recibimos a manos llenas; y es fácil tener fe en el poder de la paz cuando no hay guerra. Pero es difícil tener fe en momentos de gran necesidad. Con la fe producimos lo que queremos, al saber que ya existe en un nivel que aún no vemos.

Mi cuerpo es el templo
del espíritu de Dios

Mi cuerpo es un vehículo de aprendizaje, pero no es mi casa eterna. Me entrego a Dios para que me use para *sus* propósitos. Que mi cuerpo sea un ejemplo brillante de cómo, al reflejar lo sagrado, las cosas del mundo se llenan del resplandor del espíritu.

Que mis manos y pies, así como todo lo que diga y haga, glorifiquen los mayores propósitos de Dios. Que *su* guía en mi mente determine los actos de mi cuerpo. Que mi cuerpo sea un templo de las emanaciones de mi alma.

Querido Dios,

te entrego mi cuerpo.
Úsalo para tus propósitos
y libéralo de las garras
del miedo.
Que el amor determine
tanto su función como su actividad.
Que viva en mi cuerpo
en salud y en gozo.

Amén.

Que no haya más guerras

En un mundo donde cada niño nace del amor de Dios, donde cada corazón anhela conectar, donde cada madre reza porque su hijo sea protegido, desatamos guerras. Dios, perdónanos.

En un mundo donde cada corazón anhela la paz y cada nación necesita un descanso de la violencia, donde cada uno reza porque la guerra no se acerque a ellos si acaso tiene que suceder, desatamos guerras. Dios, perdónanos y muéstranos otro camino.

Querido Dios,

por favor, perdona a la humanidad
por todos los pensamientos monstruosos
y las acciones frías y crueles
que ocurren en esta bendita Tierra.
Que los pensamientos de paz
y las ansias de amor
barran como una ola gigantesca.
Que el mundo se limpie
de pensamientos malvados
de miedo y separación
que destruyen nuestras almas
y destruyen nuestros cuerpos.
Que ya no haya más guerras.

Amén.

La muerte no es sino un velo, pero no es el final

Mientras el cuerpo muere, el espíritu no. Que hoy no olvide que no he perdido a quienes se han ido con la muerte. Más bien, viven en un lugar más apacible fuera del tiempo y del espacio. No están perdidos para mí ni yo para ellos.

Que una cuerda dorada ate mi corazón a los que amo y ya atravesaron el velo. Que mi ojo interno se abra para ver la realidad de la luz eterna. Que la muerte no me tiente al olvido de que todo y todos los que Dios crea permanecen para siempre.

Querido Dios,

pongo en tus manos mi tristeza
y mi dolor
por la muerte de alguien.
Que mi mente sea sanada de las ilusiones del mundo,
para que realmente pueda ver
que la vida es para siempre.
Que mi corazón se abra
a una verdad mayor:
la de la vida sin fin.

Amén.

Acepto la realidad
de las cosas, aun cuando
el momento es doloroso

Las lágrimas pueden traer regalos importantes. Con frecuencia los momentos más tristes traen el mayor crecimiento. Una de las líneas de la Biblia más poderosas es también una de las más simples: "Jesús lloró."

Mi tarea no es evitar las emociones dolorosas, sino transformarlas desde sus raíces. No puedo hacer esto si no me muevo de manera auténtica a través de mis emociones, preguntándome qué lecciones tienen para mí. Si pretendo trascender mi tristeza, debo experimentarla primero; ahora ya estoy listo para hacerlo.

Hoy me doy permiso de sentir realmente lo que hay en mi corazón, tanto la felicidad como la tristeza. No me resisto a las olas emocionales que se alzan en mí, sino que doy testimonio de ellas, las acepto y las entrego a Dios. De esa manera se transforman y se vuelven el puente de mi liberación.

Amén.

PARA REFLEXIONAR

Tener fe en los milagros

Los milagros del amor se crean a cada momento, sin los obstáculos de las cosas del pasado. *Ésa es la forma en que el universo opera.* La fe en el amor no determina el poder del amor, pero sí determina si *experimentamos o no su poder.*

Puedes usar mal el poder de tu mente, pero no erradicarlo. Puedes poner tus manos frente a tus ojos y quejarte de que el cuarto está oscuro, pero no apagar la luz eterna de Dios. El universo está infinita y eternamente alumbrado con la luz de las nuevas posibilidades, lo consideremos o no un hecho. Podemos tener fe y hacer milagros, o negar la fe y desviarlos. La elección es enorme, pero extremadamente clara.

El momento presente tiene la clave de mi liberación

Cuántas veces nos movemos demasiado rápido por la vida, corriendo de un lugar a otro, como si tuviéramos miedo de tener una experiencia demasiado profunda en un solo instante. ¿Y cuál es mi miedo del presente? ¿Por qué creo que debo escapar de él y moverme hacia el futuro cuando mi tesoro está justo allí?

Si busco escapar al momento presente, nunca escaparé a los problemas del pasado. El presente tiene la clave de mi liberación, conforme me permito quedarme en él, aceptar su significado y responder a él con todo mi corazón.

Le entrego a Dios mi momento presente para permanecer en él con la mayor comprensión posible. Dejo de buscar otro sitio y acepto que ya estoy en el sitio adecuado. Permito que la gloria del momento presente me traiga sus regalos. Los recibo con todo mi corazón.

Pongo todo el miedo a la carencia en manos de Dios

Hoy recordaré que vivimos en un universo abundante, en el cual toda carencia es automáticamente compensada por el espíritu. Cuando mis bienes han disminuido gracias a mí o a otros, el universo tiene un plan inmediato para incrementarlos. Hoy no tendré la tentación de olvidarlo.

La fe y la paciencia, no la ansiedad ni la acción impulsiva, me llevarán hacia mi bienestar. La clave a mi abundancia externa es la abundancia del amor en mi corazón.

Querido Dios,

te entrego
el miedo de mi corazón,
de que no hay suficiente,
de que nadie se ocupará de mí,
que todas las cosas saldrán mal.
Transforma mi pensamiento
para ver que en ti
hay sólo perfección y abundancia
y contigo estoy en casa.

Amén.

Las relaciones son lecciones para el crecimiento de mi alma

Las relaciones también son tareas espirituales, gente que encontramos representa el máximo potencial para el crecimiento del alma de cada persona. Puedo alejarme de mis tareas, pero no evitar las lecciones que me presentan.

Aprenderé la lección que cada relación me trae, o bien, esa lección reaparecerá en mi vida hasta aceptarla. Mi ego se centra en las faltas de los demás, pero mi espíritu se centra en mí. ¿Hasta qué punto he sido guiado por el ego a vivir en el pasado, culpando antes que bendiciendo? ¿Hasta qué punto necesitaré más luz para salir de mí mismo y bajar de mi gran caballo? ¿Hasta qué punto necesito perdonar o pedir perdón? ¿Hasta qué punto necesito arrepentirme o compensar a otros? ¿Estoy dejando que otros reciban su bien mayor y les deseo sólo paz?

Querido Dios,

pongo mi relación con _____
en tus manos.
Por favor, levanta nuestro vínculo
sobre los conflictos y las ilusiones del mundo.
Que sólo vea la inocencia en ellos
y ellos la inocencia en mí.
Que el perdón pueda limpiarnos.

Amén.

Las emociones negativas necesitan ser liberadas, no suprimidas

No soy una mala persona por tener emociones negativas; esto sólo quiere decir que necesito ser sanado. La curación es un proceso de desintoxicación, donde las cosas aparecen para ser finalmente liberadas. Dios puede quitarnos lo que estamos dispuestos a entregarle, y ¿cómo darle lo que antes no he observado con detenimiento?

Los sentimientos necesitan ser aceptados tal y como son antes de transformarlos. Conforme dejo mis sentimientos negativos en un contexto apropiado —sin proyectarlos necesariamente en otra persona ni condenarme por tenerlos— comienzo el trabajo interior necesario para cambiarlos. Los acepto como son, los dejo en Dios y rezo porque Él transforme mi mente sobre las situaciones que los causaron. Así empieza el milagro.

Querido Dios,

dejo en ti, sin necesidad de esconder,
mis sentimientos negativos
sobre alguien o algo.
Sé que no me juzgas,
sino que me liberarás
de la falta de cordura de mi mente.

Amén.

PARA REFLEXIONAR

Vivir en un mundo encantado

Cuando recuerdas que eres un ser espiritual, que sólo Dios es la fuente de tu poder y el universo está diseñado para responder a todas tus necesidades, entonces tu manera de pensar es la de un hacedor de milagros. En este momento ejerces tu dominio sobre el plano espiritual al recordar que no perteneces a *él*. Así vivirás en un universo encantado. Quizá *de repente* estés sentado junto a alguien en el avión que será tu mejor amigo. Quizá pienses *de repente* en un nuevo proyecto en el que tendrás éxito de una manera inhabitual y sin ningún esfuerzo. Tal vez *de repente* encuentres a alguien en la fila del café que haga un comentario que cambie tu vida.

¿Por qué? Porque hay un plano de infinita creatividad *más allá* de la mente mortal pero *dentro* de la mente de Dios. Esto no es una fantasía, sino la realidad espiritual del universo. Si escoges no creer en ello, es tu elección; si escoges creer en ello, es tu milagro.

Los defectos de carácter no constituyen nuestra maldad sino nuestras heridas

Los defectos de carácter no constituyen nuestra maldad sino nuestras heridas. Esto no significa que no seamos responsables de ellos, sino que aceptarlos no implica sentir vergüenza. Nacimos para ser las expresiones más perfectas de Dios y enfrentar nuestras imperfecciones forma parte del proceso para llegar ahí.

Los defectos de carácter con frecuencia tienen su origen en las heridas de la infancia; ya no importa dónde los adquirimos, ahora son nuestros. Conforme podamos admitirlos y dejarlos ir, empezamos el proceso de su propia disolución.

No hay nada que Dios no pueda hacer, incluyendo sacarme de las profundidades de la desesperación. Él puede ver y comprender cualquier dolor que yo sienta. Siempre que pueda enseñarle mis heridas —sin importar lo fea que pueda ser su apariencia dentro de mí—, Él las sanará, ya que su amor es así.

Honro el balance de lo masculino y lo femenino en mí y en el mundo

En mi vida busco ser tanto asertivo como pasivo, estar lo suficientemente listo para tener logros como relajado en los brazos de Dios. Que reciba lo divino y luego dárselo al mundo, en un ciclo sin fin de energías *yin* y *yang* que me hacen tan fuerte como flexible.

Honro en mí mismo y en otros tanto lo masculino saludable como lo femenino saludable, sabiendo que ambos son necesarios para crear un mundo hermoso. Busco servir el llamado de ambos, conforme voy a su encuentro y dejo que actúen dentro de mí.

Que nuestro mundo sea sanado de los desequilibrios de lo masculino y lo femenino. Que sirva a su reequilibrio gracias a las fuerzas femeninas del apoyo y del amor, si hemos de sobrevivir en este mundo.

Amén.

Tengo un potencial infinito para la grandeza

Todos tenemos dentro de nosotros un potencial infinito para la grandeza. Incluso los genios entre nosotros apenas han arañado la superficie de lo que podemos lograr, una vez que manifestamos nuestra luz divina. Yo, como toda la humanidad, apenas si he empezado a abrir mis alas.

Hoy me separo y me alejo de los prejuicios y los juicios del mundo para arrancarme de los tirones del miedo que me hacen descender. Dedico mi vida a la atracción evolutiva de un estado de conciencia superior, no sólo en lo que pienso sino en lo que hago. Así voy a crecer hoy gracias al potencial que Dios me ha dado.

Hoy no sucumbiré a pensamientos limitados sobre mí mismo. Sé que, por medio de Dios que vive dentro de mí, estoy en el camino de algo mayor de lo que haya podido hasta ahora conocer. Es un universo en constante crecimiento, y yo soy su hijo.

Participo conscientemente en la transformación del mundo

L a inercia es la tendencia del objeto a seguir su propio movimiento, hasta que exista una fuerza contraria. Hoy participo activa y conscientemente para ser una fuerza contraria a la desesperación del mundo: un campo de paz y amor.

Cuando muchos de nosotros aceptamos el amor, el miedo se disuelve. Cuando muchos de nosotros encontramos paz en nuestro corazón, la guerra cesa. Cuando muchos de nosotros nos apoyamos en lo que sabemos que es verdad, la falsedad perderá su fuerza. Que mis pensamientos y mis acciones nos ayuden a que hoy seamos "muchos de nosotros". Que todo mi ser diga: "Estoy ahí."

Elijo estar despierto, aunque muchos dormiten. Elijo aceptar la verdad del amor, aunque muchos se pierdan en el miedo. Elijo ser parte de la solución, aunque muchos se dejan influir por el problema. Elijo ser el vehículo del valor, aunque la adaptación sea la orden del día.

PARA REFLEXIONAR

Lo bendito que eres

Tus circunstancias materiales no pueden parar el motor de las intenciones cósmicas que te llevan a las bendiciones. Eres bendito "eternamente", lo que significa siempre y a cada momento. En un instante, sin importar lo sucedido, el universo ha creado y sigue creando posibilidades para que prosperes.

Puede que esto ofenda tu sentido de "realismo". De seguro las cosas no pueden ser tan buenas. Y, sin embargo, lo son. El universo está programado para manifestar a través de ti las mayores posibilidades para tu creatividad y alegría. Y eso nunca cambiará. Dios tiene la intención de liberarte de todas las formas que limiten la libertad del amor infinito.

No voy a ceder ante los dictados del miedo. Hoy me comprometo con las formas del amor

A veces parece más fácil aceptar las condiciones de un mundo enajenado que levantarse y decir "no". A veces parece más fácil dejarse ir y consentir la mediocridad para no enfrentar la desaprobación de un mundo de miedo cuando insistimos en hacer lo que es correcto.

Hoy rehúso ceder ante los dictados del miedo. Soy parte de la revolución del amor que ahora barre el mundo diciendo "no" al miedo y "sí" al amor. Yo contribuyo conscientemente, y de todas las maneras que puedo, al surgimiento de un mundo mejor.

Aunque el mundo está cansado y desgastado por la lucha, me rehúso a sucumbir al adormecimiento del miedo. Éste no es el momento de estar absorto, de someterse y ponerse en sus manos. No cederé ante los dictados del miedo. Me comprometo con las formas del amor.

Hoy voy a incluir a todos
en el círculo de mi amor

Mi ego siempre va a decir que *el problema son los demás.* Me siento tentado a culpar, a juzgar y a retener mi perdón. Pero me doy cuenta de que al final el blanco de mis acciones soy yo mismo. Hacerlo me encerraría en un sudario de miedo.

Hoy rehúso culpar a nadie. Sin importar el juicio que aparezca en mi mente, le pediré al espíritu que me dé otra interpretación de los acontecimientos, ya que lo que no es amor es un reclamo de amor, y hoy elijo ver eso en todas las personas. Así voy a acrecentar la intuición y el poder del hacedor de milagros.

Mis pensamientos de ataque a otros son pensamientos de ataque hacia mí mismo. Mi perdón de los demás es el perdón de mí mismo. Hoy elijo ver la inocencia tras la culpa, y el llamado del amor tras los chillidos del miedo. Que hoy pueda incluir a todos en el círculo de mi amor.

Amén.

Me rindo ante un poder más grande que el mío

Al entregarme a Dios, me rindo a algo que es más grande que yo: a un universo que sabe lo que estoy haciendo. Cuando dejo de controlar las cosas, éstas toman un orden natural, un orden que funciona. Descanso al saber que un poder mucho más grande que el mío toma el timón y hace un mejor trabajo que el que yo hice.

Puedo confiar en que el poder que mantiene unidas a las galaxias puede manejar las circunstancias de una vida relativamente pequeña. Escojo recordar en todo momento que una vida entregada es una vida exitosa, ya que está bajo el control de un poder mucho más grande que el mío.

Querido Dios,

te entrego
todo lo que soy y todo lo que tengo.
Cada pensamiento, cada sentimiento, cada anhelo,
lo dejo en ti.
Quito mis manos del volante.
Querido Dios, por favor, sé el conductor.

Amén.

El amor es la única verdad inalterable

El ámbito mortal puede ser un lugar lleno de asombro y excitación, pero no es —incluso en sus manifestaciones más intensas— el mundo de la mayor verdad. Sólo la realidad del amor más radical y fundamental es inalterable y eterna.

Al final, sólo existe el amor. Ésta es la verdad que recordaré al término de mi vida, o incluso al final de la vida de un ser querido. Es la verdad que veo cuando empiezan a desaparecer las preocupaciones superficiales que compiten por mi atención y me roban la fuerza vital. Hoy acepto la verdad fundamental de mi existencia: que sólo el amor es real.

El amor es la verdad mayor; todo lo demás son alucinaciones de la mente mortal. Conforme me doy cuenta de esto, penetro en el velo de la ilusión que me ciega a mi poder y bienestar.

PARA REFLEXIONAR

El amor como fuerza
y no como debilidad

Hacer del amor el límite final no te transforma en un tapete. No significa que debas hacer todo lo que te dicen los demás. El amor da siempre una respuesta amorosa, y a veces la respuesta amorosa consiste en decir "no".

El amor no es debilidad sino fuerza. El amor nos da claridad, sabiduría y astucia sobre la gente. Nos da regalos de intuición para discernir situaciones que podríamos no entender de otra manera. No temamos que al buscar la guía divina en una situación cederemos nuestro propio bienestar. El sacrificio es la vida que vivimos *antes* de dedicarnos a Dios. Dios no es el camino del sacrificio; Él es el final del sacrificio. Hasta ese punto somos amados.

Entrego mi naturaleza crítica

Todo lo que hacemos está imbuido de la energía con la que lo hacemos.

Aun cuando creo que hago una crítica constructiva, si digo algo con la intención de cambiar a alguien, esa persona se sentirá rechazada. Lo que veo como una manera de compartir puede ser percibido como un ataque. Hoy pido habilidad para comunicar de manera efectiva, pero siempre con amor.

El cambio de comportamiento no es suficiente para transformar nuestras habilidades de comunicación. No puedo cubrir un ataque con una capa de azúcar y un tono dulce de voz, o con habla terapéutica y esperar que suceda un milagro. Para eso necesito hacer un auténtico viraje del miedo al amor. Rezo hoy por la habilidad para honrar la perfección espiritual en cada uno, para que sientan mi amor sin importar lo que digo.

Querido Dios,

por favor, redime mi personalidad,
para que los rincones ásperos dentro de mí
puedan suavizarse.
Que cada palabra que digo
ayude a sanar y no a hacer daño.

Amén.

Hoy me comprometo a perdonar a alguien que me cuesta trabajo perdonar

Cuando retengo el amor, bloqueo mi propio bien. Cuando me quedo atorado en el pasado, no permito que el presente se desenvuelva de manera milagrosa. Cuando me siento como una víctima, me ato a la experiencia de la victimización.

La parte de mí que se siente ofendida o victimizada no constituye mi verdadero yo. El verdadero yo existe en el triunfo y la victoria espiritual sin importar lo que haya pasado o lo que me hicieron. Aferrarme a las quejas puede evitar que el universo me ofrezca el milagro de un nuevo comienzo.

Querido Dios,

dejo en ti mis quejas,
y la gente a la que no puedo perdonar,
las cosas a las que me aferro y no quiero dejar ir,
y la oscuridad de mi propio corazón.
Por favor, elimina la enfermedad
de la falta de perdón
que hay en mi alma.
Así sea.

Amén.

Mi cuerpo envejece pero no mi espíritu

Mi cuerpo es tan sólo un cúmulo de ropajes, un contenedor temporal para mi espíritu eterno. Conforme me identifico con mi espíritu, al darme cuenta de que mi esencia no tiene edad, mis pensamientos respecto al tiempo cambiarán. Y de igual manera cambiará mi cuerpo.

Hoy no llevaré la carga de las falsas creencias sobre la vulnerabilidad de mi cuerpo respecto a la edad y la enfermedad. Veo la luz blanca de mi espíritu que penetra cada célula de mi ser, llenando mi cuerpo tanto como mi mente con el poder revitalizante del amor.

Mi cuerpo es un vehículo a través del cual mi espíritu opera mientras está en el mundo, y estoy agradecido de tenerlo. Deseo tratarlo con profundo respeto y no sentirme tentado a pensar que él es todo lo que soy. Yo soy más que mi cuerpo, y mi cuerpo no soy yo. Mi cuerpo es temporal, y yo no lo soy.

El estado natural de mi ser es la creatividad sin fin

Dios está en un continuo estado de creatividad, fluyendo en mí y a través de mí en cada momento. Con cada pensamiento me abro a recibir el sello de la divinidad sobre mi conciencia. Me baño en la luz que es Él dentro de mí.

Todas las oscuridades del pensamiento y del sentimiento, las limitaciones y los patrones neuróticos o basados en el miedo se disuelven al tomar las poderosas vibraciones del amor; son reemplazadas por el talento divino, creando formas de pensamiento y comportamiento a través de mí que contribuyen a construir lo hermoso, lo sagrado y lo verdadero.

Dios es el artista del universo, el creador de todas las cosas y el diseñador de toda vida. Abro mi corazón y mi mente para ser el pincel con el que pinta y el vehículo a través del cual derrama su infinita creatividad y amor.

PARA REFLEXIONAR

Lo que es posible para ti ahora

En el nivel mortal, ninguno de nosotros es perfecto todo el tiempo. Pero en el plano espiritual todos lo somos todo el tiempo. El concepto más positivo de quiénes somos *realmente* es el de perfectas creaciones de Dios, inalterables e ilimitadas, tan brillantes unas como otras. La iluminación es en realidad la identificación con tu ser espiritual más que con tu ser material. Desde esta perspectiva puedes ver que *eres* la luz. Ningún pensamiento ni condición de oscuridad —es decir, la falta de amor en tu propia mente o en la de los otros— tiene influencia en la verdad de quién eres o de lo que el universo tiene planeado para ti. Tu pasado, tus errores y las opiniones de otras personas sobre ti no limitan quién eres ni lo que es posible para ti ahora.

Hoy me incluyo a mí mismo en la compasión

La aspereza del mundo resulta dura para el corazón; el mío ha sido puesto a prueba, como el de todo mundo. Hoy reconozco las heridas de mi alma y las entrego a Dios. Sé que en sus manos serán sanadas.

Mi dolor me pertenece, por lo que ilumino cualquier oscuridad engendrada en mí. Rezo para que ni los otros ni yo nos veamos afectados por mis errores. Que mi propia compasión por lo sufrido me ayude a sobreponerme a mi dolor.

Querido Dios,

te entrego a ti
las cicatrices de mi corazón,
los recuerdos que arden,
y las penas que permanecen.
Por favor, pon tu mano sobre mí.
Y sáname milagrosamente
para levantarme
sobre las cenizas de mi pasado
y experimentar una nueva vida.

Amén.

Todos mis talentos son útiles para Dios

Sin importar qué talentos tenga, incluso los más insignificantes, todos son útiles para Dios. Aun si pienso que no tengo ninguno, le ofrezco mi vida a Él; entonces aparecerán nuevos talentos. Hoy comparto mis dones con otros como una manera de compartirlos con Dios.

Me doy cuenta de que ningún don es demasiado grande o pequeño para usarse en los propósitos divinos, proporcionar alegría a alguien, remediar algún mal. No subestimaré la magnitud de mis dones. El potencial para hacer el bien es infinito a través de Dios.

Hoy no me avergüenzo de mis talentos, por más triviales que parezcan, ya que lo que se entrega a Dios es llevado a su mayor potencial creativo, transformado milagrosamente. Lo que parece un don pequeño es una enorme fuerza.

Los límites del mundo no pueden restringirme

Nada en mis circunstancias diarias me define o limita. Cuando mi mente va más allá de los miedos del mundo, accedo al campo de las posibilidades milagrosas. Soy completamente amado, bendecido y usado por Dios en todo momento.

Aunque el mundo me vea como menos que nada, ningún hijo de Dios es menos magnífico. Mi espíritu es abundante aunque mi cáliz esté vacío. Mi mente es radiante, aunque la manera de pensar del mundo me confunda. Hoy acepto que soy un hijo de un universo sin límites.

Querido Dios,

quita las cadenas que me atan
tanto en tu mente como en mi vida.
Libérame de las falsas creencias
que limitan mi habilidad
para ver.
Abre mis ojos
a la libertad
en ti.

Amén.

Bendigo la abundancia de los demás para incrementar la mía

El mundo del ego está limitado, pero no el de Dios. En el nivel material, hay un número limitado de rebanadas de pastel. Pero en el nivel espiritual, el número es ilimitado. Si tengo una rebanada, eso no quiere decir que hay menos para los demás, y si otros la tienen, eso no quiere decir que no hay para mí.

Hay suficiente para todos. Hay suficiente belleza para todos. Hay suficiente éxito para todos. Hay suficiente amor para todos. Deseo generosamente para otros lo que deseo para mí mismo, ya que lo que bendigo en sus vidas permito que suceda en la mía.

No voy a constreñir hoy celosamente mi corazón, buscando que los otros no tengan lo que yo quiero para mí mismo, ya que sólo lo que doy puedo recibirlo y lo que quiero quedarme sólo para mí lo pierdo. Ésa es la ley de la inversión material vigente en el universo.

PARA REFLEXIONAR

Moverse más allá de la competencia

Cada uno tiene una función única en la curación del universo. Cada uno tiene una parte asignada por Dios. En el nivel divino, ninguno de nosotros está en competencia con los demás. No necesitamos rivalizar por un pedazo del pastel cósmico, ya que es ilimitado en el universo. Lo mío no le quita a lo tuyo ni lo tuyo a lo mío. Hay suficiente espacio en el universo para que todos prosperemos.

Como las células del cuerpo están programadas para hacer su función, colaborando con las otras para lograr la salud del órgano del que forman parte, así cada uno de nosotros está programado para contribuir con nuestros mayores dones para el bien del mundo. Cuando celebramos los talentos de los demás, incrementamos el valor de los nuestros. Lo que apoyamos en la vida de los otros, lo producimos en la nuestra. El aplauso que damos a los demás lo atraemos para nosotros mismos.

El amor no es mi debilidad sino mi fuerza

A veces siento que si soy amable, vulnerable y me expongo energéticamente, los demás se aprovecharán de mí. De hecho, es mi amor y mi desamparo lo que me da la protección divina. Mi amor atrae mi mayor bien.

El amor me da fuerza. Me guía a un pensamiento más claro, a reflexiones más significativas, a una manera más amable de ser y a una personalidad más atractiva. Me abre al flujo creativo. Es la clave para el éxito en mi vida y la fuente de mi inspiración.

El amor es el poder de Dios que surge dentro de mí. Es mi privilegio canalizarlo para el bien del mundo entero. Con cada pensamiento extiendo la fuerza que bendice todas las cosas. Estoy agradecido y soy humilde ante su poder dentro de mí.

Que mis palabras surjan del silencio de mi alma

Si hablo con mi boca, otros me escucharán con los oídos. Pero si hablo desde el corazón, otros me escucharán con sus corazones. Hoy mis palabras surgirán de un lugar más profundo que mi intelecto, nunca de mi enojo o de mi instinto de defensa. Que mis palabras surjan del silencio de mi alma.

Las palabras tienen el poder de sanar o hacer daño; dedico las mías al poder curativo del amor. Que yo sea el sanador de la palabra hablada.

Querido Dios,

que tu espíritu
esté en mí conforme hablo,
llenando mis palabras con
la energía del amor.
Que mis palabras transmitan tu poder
y sólo el tuyo.

Amén.

Retrocedo y dejo que Dios guíe mi camino

Me paro humildemente junto a un poder que está en mí pero no es mío. No soy la fuente divina, sólo el grifo mediante el cual sus aguas llegan al mundo. Encuentro el poder como ser humano en cuanto tomo el poder del espíritu.

Al ponerme al servicio de Dios rezo porque *su* amor se mueva a través de mí para bendecir al mundo. Dejo atrás mi personalidad para reflejar hoy mejor *su* amabilidad y su amor. Conforme doy marcha atrás, Él guía mi camino.

La humildad y la gentileza tienen un poder invisible. Los humildes heredarán la tierra a causa de su fuerza, al retroceder y permitir que un poder mayor fluya por medio de ellos. Hoy elijo dar marcha atrás a las fuerzas de mi personalidad, para dar un paso adelante con la fuerza de mi espíritu.

Hoy recibo a todos los que encuentro con amor en mi corazón

Hoy no cederé a las tentaciones de la manera de pensar del mundo. Que hoy recuerde que todos los que veo, los que encuentro o en los que pienso son hijos de Dios. Los recibo con amor, en el silencio y la discreción.

Aunque mi ego me diga otra cosa, recordaré que mi único propósito es amar y perdonar. Allí, en ese espacio de conciencia, encontraré mi poder y mi alegría de vivir. Que ni el miedo ni el juicio me desvíen de la senda escogida.

Querido Dios,

pon ángeles en mi mente hoy,
para recordarme el amor
y protegerme del miedo.
Que tu luz rodee cada persona que veo
y sea visible para mí.

Amén.

PARA REFLEXIONAR

No desviarse del amor

El amor nos despierta por la mañana con buenos propósitos y una corriente de ideas creativas. El amor inunda nuestro sistema nervioso con energía positiva, haciéndonos más atractivos a posibles amigos y socios. El amor nos llena con un poderoso carisma, permitiéndonos nuevas ideas y proyectos, aun cuando las circunstancias parecen limitadas. El amor nos lleva a arrepentirnos de nuestros errores y limpiar el desastre cuando cometimos alguna falta. El amor nos hace actuar de manera impecable, con integridad y excelencia. El amor nos lleva a servir, a perdonar y a esperar.

¿Así que por qué nos desviamos del amor? ¿Cuál es la resistencia subconsciente a esa poderosa fuerza del bien? ¿Por qué tememos justo aquello que hace que nuestra vida valga la pena? Tan sólo hacer la pregunta nos lleva más cerca de la respuesta: lo que nos aleja del amor no es nunca nuestro amigo, nunca nuestro bienestar y nunca viene de Dios. El ego es nuestro propio odio que aparece como si fuera nuestro amigo. Una vez que sabemos esto, el falso amigo pierde su poder para seducirnos y alejarnos del amor.

Cada situación está destinada a ser un aprendizaje para mí

Hoy reconoceré que todo lo que pasa es una oportunidad de crecimiento, de ser quien soy capaz de ser. Si estoy tentado a ser débil, elegiré ser fuerte. Si estoy tentado a enojarme, elegiré perdonar. Si estoy tentado a ceder al miedo, elegiré amar.

Sé que el universo está concebido para apoyarme a materializar mi ser total. Que la lección sea fácil o desafiante, veré en cada momento una posibilidad de crecer. Así aprenderé lo que es el amor y sabré quién soy.

Querido Dios,

sin importar a quién encuentre hoy
y sin importar lo que pase,
ayúdame a recordar el amor.
Guía mi mente
y abre mi corazón.
Que hoy vea tu amor en todo,
para conocer la verdad.

Amén.

Entrego mi destino
a un Dios amoroso

No puedo saber lo que pasará mañana, o lo que sería mejor que pasara en mi vida. No trataré de controlar mi destino. Dejaré mi futuro en las manos de Dios.

No necesito luchar para hacer que las cosas sucedan, ni tampoco planear cómo desarrollar mi vida. Sólo necesito responder a la invitación de cada momento, para manifestarme con excelencia y amor. Así seré guiado por la vida misma y entregado a mi mayor bien.

Hoy me entrego a la corriente del amor, sabiendo que es un río que me lleva a un lugar pacífico. Dejo todos los objetivos, todos los planes y todos los apegos a Dios. Lo que Él quiere es mi mayor bien; que se haga su voluntad en mi vida y en el mundo.

Hoy rezo por quienes
no me aman

Tal vez haya personas que no me comprenden, no me aceptan y no me aman. Haz que yo no responda a sus juicios con más juicios. Hoy les responderé con amor.

Que Dios pueda liberarlos de lo que ha cerrado sus corazones y les impide ver el mío. Que Dios sane lo que ha herido sus almas y les impide ver mis propias heridas. Que el amor se muestre ante el miedo que los ha cegado.

Querido Dios,

hoy rezo por alguien
que me niega
su aprobación, su apoyo o su amor.
Manda un milagro a su corazón.
Que vaya más allá de la reacción y de la culpa.
Libéranos a ambos para
encontrar el amor por el otro
que está tras el velo.

Amén.

Entrego mis celos y rezo porque sean transformados

Cuando estoy celoso niego mi bendición a quienes tienen algo que deseo. Pero los celos bloquearán mi bien. Sólo cuando bendigo a los otros atraeré lo que deseo.

En el mundo material el suministro es limitado, mientras en el espiritual es ilimitado. El bien de los demás no disminuye el mío. Que pueda celebrar la abundancia dondequiera que la vea y así atraerla a mi vida.

Que los pensamientos banales y los sentimientos poco generosos no me ataquen. Que no piense que el otro no merece lo que tiene y yo deseo. Hoy bendigo a quienes poseen lo que yo querría poseer y dejo mis celos a Dios.

PARA REFLEXIONAR

Ahora lo sabes

Eres un hijo de Dios, llevando la marca eterna de su origen perfecto. Mereces los milagros porque eres el amor. Ésta no es una apreciación arrogante del ego, sino una aceptación humilde de la verdad de Dios. Sucede que dentro de ti está la luz eterna del universo.

Quizá tus padres no te dijeron. Tampoco tus maestros ni tus amigos. Pero todo eso es irrelevante. Has vivido veinte o setenta años sin saber hasta ahora que eres la luz de la creación: lo importante es que ahora ya lo sabes.

Dar a otros es un acto
de amor personal

Sólo puedo quedarme con lo que doy, y pierdo lo que intento retener. Negar el amor es un acto de traición hacia mí y dar a otros es un acto de amor personal.

Hoy no me centraré sólo en mí, ya que mi salvación está en amar a los demás. No voy a obsesionarme con mis preocupaciones, ya que las de otros son todavía mayores. Que hoy no me sienta tentado a negar mi bien al negárselo a los demás.

Amar a los otros como a mí mismo no es codependencia ni sacrificio. Más bien es el sello de la iluminación. Hoy busco amar con más profundidad de lo que he amado, para conocer el gozo de mi mente al ser usada para lo que fue creada.

Hoy recibo todo
el amor que se me da

Cuántas veces no acepto en realidad el amor que otros me demuestran. No me detengo lo suficiente en una carta cariñosa, ni me dejo penetrar por los reconocimientos de un amigo, ni valoro en su justa medida el abrazo de un niño pequeño.

Me quejo por la falta de amor, pero con frecuencia desvío el cariño que otros me dan. Hoy me permitiré recibir el amor alrededor de mí, sin pedir que venga necesariamente de una forma u otra. Hoy estaré agradecido por el amor que reciba.

Cuántas veces he rechazado el amor al no reconocer que estaba ahí. Cuántas veces he sido desagradecido con el amor, y luego he visto cómo se disolvía. Que esos patrones terminen hoy, al decidir estar alerta para reconocer el amor que me rodea.

Hoy estoy más alerta a las necesidades de los otros

Cuán saboteador puede ser mi egoísmo al no ver el sufrimiento de los otros. Apenas si me doy cuenta del valor de todas esas personas que se despiertan cada día en circunstancias muy difíciles, y aun así dan lo mejor de sí mismas. Hoy estaré más alerta al sufrimiento de los demás.

Es difícil darse cuenta de qué tanto estamos centrados en nosotros mismos. Pero al enfrentarlo podemos solucionarlo. La única manera de amarnos los unos a los otros es abrir nuestro corazón.

La generosidad hacia los otros es un acto de interés por nosotros mismos, pues al amar a otros atraigo el amor. Que no me pase inadvertido el sufrimiento de los demás, si quiero conocer el significado de la vida. Libérame de un corazón egoísta.

Amén.

El universo lo ve todo.
El universo me ve

No hay nada en el universo que lo divino no pueda ver. Dios conoce cada pensamiento que tengo y cada acción que hago, y ve los efectos que eso tiene. Que hoy pueda suscitar sólo lo bueno para recibir sólo lo bueno.

Que no sienta la tentación de pensar que soy "invisible", ya que los ojos de Dios ven a través de mi corazón. Él me recompensa por mi amor, aunque no me juzga cuando me falta darlo. Él hará crecer mi amor, y mi falta de éste —si logro admitirlo y entregárselo a Dios— será el fin de su próximo milagro. Tal es la maravilla de Dios.

Querido Dios,

sé que puedes verme,
cuando estoy erguido como cuando me tropiezo.
Sé que sonríes cuando amo el mundo,
y lloras por mí cuando no es así.
Te doy mis partes rotas,
mis heridas que me evitan abrir mi corazón,
y sé que seré sanado.

Amén.

PARA REFLEXIONAR

Mover montañas

Todos tenemos "lo que debemos tener" porque todos albergamos a Dios como nuestro huésped interior; *su* voz, y no la del ego manejado por el miedo, es la que debemos escuchar y seguir. Cada uno de nosotros debe ser el medio para canalizar las fuerzas espirituales de nuestro talento, creatividad e inteligencia. Esto no es algo por lo que deberías recibir crédito personal, pero tampoco para disculparte. Como hijo de Dios, *sucede* que eres el vehículo de un poder y posibilidades de crear y tener logros más allá de tus sueños.

Y esto no cambia nunca. Ninguna condición mortal disminuye el poder de Dios. No importa lo que dice tu currículo o los títulos que tengas. No importan los errores cometidos ni cómo esté tu situación económica. Lo único que importa es hacia dónde dirijas tu conciencia. Debes saber quién eres y quién vive dentro de ti; mover montañas puede parecer pequeño comparado con lo que puedes hacer.

Asumo total responsabilidad por el estado de mi vida

Conforme llevo mi mente del miedo al amor, todas las situaciones cambian milagrosamente. No soy una víctima del mundo que veo.

No cedo al poder de mi mente. Me lleno de poder al entregarme a Dios. Le entrego mis pensamientos y pido acceder a la mente sagrada por la cual soy un creador de bienestar.

El precio que pago por no asumir responsabilidad total por mi vida es la incapacidad para cambiarla. Dios reside en mi mente, dándome poder para transformar cualquier circunstancia si soy capaz de amar. Hoy usaré el poder que se me da para sanar mi vida al amar a la gente que está en ella.

Me libero de la carga del ego

Hoy no me tomaré demasiado en serio. Conforme me veo con otra luz, puedo ver la luz. Centrarme demasiado en mí mismo me ciega para ver la verdad.

Cuando me libere de la carga del ego, las cadenas que me atan caerán. Al vaciarme me llenaré de Dios. Al exaltar a Dios seré exaltado. Al perder el yo, puedo encontrarme en Él.

Querido Dios,

por favor, quítame
las falsas impresiones de quien soy.
Libérame de las cadenas que me esclavizan
en una percepción limitada de otros y de mí.
Libérame para ver la vida ilimitada
que eres Tú, que soy yo y que son los demás.

Amén.

El universo es mi casa.

Estoy a salvo aquí

Dios me ve y me cuida, tal como ve y cuida de todos. Pertenezco a este mundo, y Él permanece aquí conmigo. El universo es mi casa y estoy a salvo aquí.

Que sienta los brazos de Dios a mi alrededor. Que sienta el calor del sol sobre mí. Que sienta cómo los ángeles me rodean y me levantan, conforme sigo mi camino.

Cuántas veces he caminado por el mundo con el miedo de lo que podría sucederme, sintiendo terror de demonios imaginados, alejándome de los demás y de mí mismo. Que la luz disuelva hoy toda la oscuridad de mi mente, y regrese al conocimiento interior donde el amor es real y el miedo no.

No necesito luchar
por lo que es mío

No necesito disculparme por existir. Los ángeles lo celebran, ya que soy una creación de Dios. Dios me adora como adora a los demás. Sólo necesito recordar esto para experimentar lo que es mío.

Tengo una voz que es sólo mía. Tengo talentos que sólo son míos. Tengo una función que es sólo mía. Son los dones que Él me ha dado. No necesito luchar por lo que me pertenece.

Querido Dios,

que no sienta la tentación de creer
que soy menos de como me has creado.
Que la falsa humildad no me convenza
de no reconocer Tu poder dentro de mí.
Que mi humildad llene mi mente y mi corazón,
para encontrar mi fuerza.

Amén.

PARA REFLEXIONAR

Entregar nuestra ira

No importa si alguien te dice que "mereces" sentirte enojado. Por supuesto que *mereces* sentir lo que sea que quieras sentir. Pero la única manera de experimentar milagros es pensar en las situaciones desde el punto de vista de los milagros. Aferrarte a tu ira sólo te hace daño a ti mismo. Como se dice en *A Course in Miracles (Un curso de milagros)*: "¿Prefieres tener razón o ser feliz?"

El universo sabe que si estás herido, ya está en camino el bien que deshará el mal. Tu ira, si permanece, atorará la máquina del universo milagroso. Algo milagroso pasa cuando decimos: "Estoy enojado pero no quiero seguir estándolo. Querido Dios, ayúdame a ver esta situación de manera diferente. Amén."

Que los animales sean bendecidos

Hoy pienso en los animales que habitan con nosotros este hermoso planeta. Reconozco su vulnerabilidad tanto como el daño que a veces les hacemos.

Que el maltrato, a veces incluso crueldad, hacia los animales desaparezca del mundo. Que mi corazón esté abierto a todo lo que pueda ayudarlos. Que la relación entre humanos y animales se eleve a un lugar espiritual.

Querido Dios,

por favor, bendice a los animales,
protégelos
de las acciones de los duros de corazón.
Que seamos buenos guardianes
de esas preciosas criaturas entre nosotros.

Amén.

Estamos aquí para volar con las alas que Dios nos ha dado

Cada uno de nosotros tiene una función única en la Tierra. Yo no puedo servir al mundo al negarle mis dones en nombre de la modestia. Recuerdo que no soy ni más ni menos especial que otros. Soy libre para volar con las alas que Dios me ha dado.

Mientras pueda hacerlo, mi lugar en el universo no puede ser ocupado. Mi amor, mis habilidades y mis talentos son sólo míos, y nací para ofrecerlos como una luz entre la oscuridad. Que hoy, a cada momento, sea la encarnación de la luz del mundo.

Querido Dios,

me has dado dones muy especiales,
que yo, sin embargo, bloqueo cuando niego tu amor.
Que hoy recuerde
el propósito divino que Tú me has dado,
para encontrar mis talentos
y sea bendecido.

Amén.

Que hoy sea mejor pareja / amigo / padre / empleado

Cuando juego este papel en la vida, estoy aquí para ser más y hacer más de lo que parece. Mientras el ego se centra en las necesidades que creo tener, la única verdadera necesidad es ser la luz más brillante que pueda.

Conforme doy más —tengo mayor generosidad, una comprensión mayor y una actitud más amorosa hacia otros— mi vida será bendecida. Que hoy participe en mis relaciones desde un lugar más sagrado y más sano.

Que cumpla mis funciones como Dios ha querido que sea: desde donde fluyen los milagros hacia mí y a través de mí. Que hoy no limite mis percepciones al drama de este plano terrenal, sino que cada relación sea un lugar sagrado.

Hoy busco amar a todos

Cuando hoy vea a alguien, lo y la bendeciré en silencio. Cuando entre en la habitación, pediré que mi amor llegue antes que yo. Al pensar en alguien, dejaré mi relación a Dios.

Hoy busco amar a todos. Mi mente y mi corazón fueron creados para ser vehículo de la compasión de Dios, y hoy pido alinearme con las intenciones que Él tiene para mí.

Querido Dios,

no es fácil
ser un amante del mundo,
pero hoy lo intentaré.
Que mi amor crezca para incluir a todos,
a los que quiero
y a los que no.
Ayúdame a amar más profundamente,
para que mi vida tenga un propósito mayor.

Amén.

PARA REFLEXIONAR

Elegir ser mejor

Aferrarnos a viejas heridas puede producir simpatía por cierto tiempo, o incluso conseguir apoyo temporal. Pero no traerá invitaciones para comenzar de nuevo por parte de otras personas o del universo. La amargura no es el tipo de personalidad para contratar a alguien, para asociarse, promover o invertir en alguien.

Sin importar lo que has pasado, probablemente hay alguien que pasó por algo peor. Hay gente que ha vivido las situaciones más crueles y encontró un camino hacia la paz y la felicidad. Hay cosas que pasan en la vida tras las cuales sabemos que no seremos los mismos. Pero sin importar lo que suceda —ya sea que nos amarguemos o mejoremos— la elección es nuestra.

Hoy tengo el valor de hacer realidad mis sueños

Sé en mi corazón que no son las fuerzas externas, sino la falta de valor, lo que me impide vivir la vida que deseo. Reconozco el miedo que me mantiene lejos de mis sueños.

Los milagros que busco no llegarán si no reclamo el amor que hace desaparecer el miedo. Hoy no me esconderé tras las excusas que me doy a mí mismo; fortaleceré mi voluntad para servir a la luz dentro de mí, adonde quiera que me lleve y sin importar lo que me pida hacer.

Querido Dios,

a veces me repliego de miedo
ante los llamados de mi alma,
el llamado de la grandeza,
el llamado de la iluminación,
el llamado hacia ti.
Por favor, ayúdame a tomar la opción del amor,
para vivir la vida
que en realidad deseo
y manifestar mis sueños.

Amén.

Me alejo del hábito de la debilidad y cultivo el hábito de la fortaleza

Sé que tengo el hábito de la debilidad en algunas áreas de mi vida. Con la ayuda de Dios hoy recordaré que puedo cambiar mi mente y mis maneras de ser.

Ya no necesito ser quien he sido. Lo que hice ya no necesito hacerlo ahora. Como he actuado, ya no necesito repetirlo ahora. Llamo al espíritu de Dios para romper las cadenas que me retienen en la debilidad de mi yo anterior. Escojo la fortaleza y sé que Dios apoya mi elección.

Sé que Dios mismo me ayudará a ser la persona que quiere que sea. Hoy evito el hábito de la debilidad que me tiene atado al sufrimiento. Reclamo el poder de Dios dentro de mí para romper todas las cuerdas que me retienen en el pasado y librarme a los mejores aspectos de mí mismo.

Amén.

Busco ser el mejor amigo para todos los que son cercanos

Cuántas veces doy por hecho el cariño que me muestran mis amigos. Hoy voy a recordar que nuestras vidas mortales son efímeras y nuestras amistades en la Tierra son regalos fugaces.

Hoy recordaré que debo escuchar más y decir "gracias" y "te quiero" más a menudo a mis amigos. Que trate de entender lo que otros sienten, antes de decirles lo que siento. Que sea menos egoísta, hoy y siempre.

Querido Dios,

pongo en tus manos
la relación con mis amigos.
Que hoy sea un mejor amigo,
apoyando y comprendiendo más
dando más y siendo más compasivo.
Que mis relaciones
lleven a cabo su propósito
y nos hagan estar más completos.

Amén.

Que no sea nunca cínico

Es fácil ser pesimista por momentos, declarar que uno es demasiado *cool* para que algo le importe, demasiado conocedor o razonable para creer en milagros. Sin embargo, el amor es el poder de Dios, y los milagros ocurren de manera natural como expresiones del amor.

Hoy no dejaré que el cinismo me ciegue a las posibilidades infinitas que Dios nos da. Todos los milagros están alrededor de mí y yo los reclamo como míos; que vea mi luz cuando abro los ojos.

Que el cinismo no cierre mis ojos, ni mi pesimismo envenene mi pensamiento. Que siempre vea el rayo de luz eternamente en el horizonte divino. Que mi mente sea un canal para los milagros y el amor.

PARA REFLEXIONAR

El arrepentimiento

Cuando tomamos responsabilidad total por las cosas que en el pasado descuidamos, o en las que actuamos sin integridad, o en esas oportunidades que no tomamos y la abundancia que no respetamos, en ese momento experimentamos el milagro del arrepentimiento.

El arrepentimiento es un proceso mental en el que corregimos nuestras percepciones, cambiando así la trayectoria de probabilidades. El arrepentimiento es como "resetearse" espiritualmente. Es un don de Dios, que nos da la oportunidad de limpiar el karma de errores del pasado al aceptarlos, tomar responsabilidad de ellos, admitirlos, compensarlos y hacer lo posible para cambiar los modelos de comportamientos que han creado situaciones que nos avergüenzan.

Reconocemos los errores del pasado y oramos: "Estoy dispuesto a ser diferente de lo que era antes. Por favor, muéstrame cómo." El universo entonces corrige todas las limitaciones causadas por nuestra manera errada de pensar. La culpa se disuelve de nuestra mente conforme los pensamientos de compasión y amor toman su lugar.

Veo al mundo lleno de luz

Sin importar los dramas dolorosos del mundo, creo en una fuerza más grande que todos los males. Creo que en la presencia del amor el miedo desaparecerá. Y creo que la gente es esencialmente buena.

Me pongo al servicio de las fuerzas implacables de la paz. Creo que aún habrá una vuelta de tuerca en el corazón humano. Pido ser usado en el gran despertar que nos recuerda quiénes somos, llenando nuestro corazón y llenando el mundo de una luz que disipa la oscuridad y nos entrega al amor.

Querido Dios,

haz aparecer la luz del entendimiento
que nos permite vernos unos a otros,
para amarnos unos a otros,
para perdonarnos unos a otros,
y así salvar el mundo.

Amén.

No juzgaré a quienes sé que Dios ama

Dios no ha creado el universo para pedirme que me encargue de él. Tampoco me ha pedido que sea el juez y el jurado de nadie. Tan sólo me ha pedido amar.

Mi ego podría clavar a otros en la cruz de mis expectativas. Que hoy acepte una manera más humilde de mirar, ya que sólo Dios ve en cada uno de los corazones. No juzgaré a los que sé que Dios ama, ya que su amor se cierne sobre todo el mundo.

Que hoy sea liberado de una mente que juzga, ya que sólo sirve para vencerme. Como juzgo seré juzgado, pues es la ley de la percepción. Cuando mi mente ataca a alguien, me ataca a mí. Que mi mente sea un vehículo del amor y que todos los juicios se desvanezcan.

Hoy elijo tener una percepción más amable de todos y de todo

Cuán dura puede ser mi mente cuando culpo en lugar de bendecir. Reconozco la falta de cordura de mi pensamiento cuando ataco a los que Dios ama.

Que sea llevado a aceptar una nueva manera de pensar. Que hoy la amabilidad y la santidad toquen mi corazón. Que el espíritu del perdón renueve mi espíritu y me muestre lo que es el amor.

Querido Dios,

cuando soy duro, que me vuelva amable.
Cuando culpo, enséñame a bendecir.
Cuando cierro mi corazón,
mantenlo abierto.
Así cambiaré mi espíritu
y mi vida será transformada.

Amén.

El perdón me libera para vivir una vida diferente

L a única manera de liberarme del pasado es disponerme a liberar a otros del suyo. Que hoy cambie mi enfoque de las cosas: de lo que otros hicieron para herirme a lo que otros hicieron para amarme, y de lo que otros no me dieron a lo que yo no les he dado.

Amplío mis percepciones más allá de los errores del cuerpo a la inocencia del espíritu, y de la oscuridad del mundo a la luz de nuestro corazón. Elijo perdonar para ser perdonado. El perdón me liberará para llevar una vida diferente.

Querido Dios,

por favor cambia la escala
que ha cegado mis ojos
a la luz alrededor de mí.
Ayúdame a ver la inocencia de cada uno
y el amor de cada corazón.
Ayúdame a no vivir en la oscuridad,
sino a bañarme en la luz eterna.

Amén.

PARA REFLEXIONAR

Dónde poner mis talentos

El único camino hacia la abundancia es permitir que nuestras habilidades y talentos sean usados por Dios para sanar el mundo. Demasiada gente siente que tiene talento pero no sabe dónde ponerlo. No pertenecemos a una sociedad que nos dice: "¿Cuáles son tus dones y cómo sería el mundo un lugar más hermoso?" Por lo general, la pregunta es más o menos así: "¿Qué vas a hacer para ganarte la vida?" Eso nos saca de nuestro ritmo natural, ya que nuestra alma no piensa de esa manera. Nuestra proclividad natural es hacia el amor. Algo más poderoso tiene lugar cuando rezamos: "Querido Dios, por favor, úsame." Si nos ponemos a disposición del universo con el propósito de amar, nuestra oferta es inmediatamente aceptada.

Mi cuerpo está sano y lleno de vitalidad, lavado en la luz sagrada

A lo largo de mi día, uso mi mente para sanar y restaurar mi cuerpo. No me involucro con el estrés del mundo, pues estoy relajado en los brazos de Dios. Derramo continuamente luz blanca en las células de mi ser físico para que se nutran de lo divino.

Mi cuerpo es un vehículo de aprendizaje que me acompaña en mi viaje espiritual. No abuso ni hago mal uso de él, ya que es un templo sagrado. En él está contenida la energía necesaria para mi vida en la Tierra. Cuán sagrado es este regalo que Dios me ha dado.

Querido Dios,

que mi cuerpo esté sano y completo.
Te lo entrego a ti
para ser usado en tus propósitos
de dar y recibir los dones del amor
en todo lo que diga y haga.
Que contenga tu luz
y se exprese tu vibración.
Así sea.

Amén.

Estoy sanando donde estoy roto.

Un día estaré fuerte

Conforme atravieso los valles del fracaso y de la pérdida, no olvidaré a quien camina conmigo. Esos momentos, aunque son difíciles, también pasarán. Siento el dolor, pero me aferro a mi fe.

Incluso entre mis lágrimas, sé que Dios está pendiente de mí. Ha puesto ángeles a mi alrededor que me guían al otro lado del sufrimiento. Me enseñarán lo que necesito ver, y un día volveré a reír. Mi Dios es un Dios extraordinario.

Querido Dios,

aunque me siento débil,
haz que recobre mi fortaleza.
Donde estoy dañado, ayúdame a estar completo.
Aunque mi corazón está roto,
devuélveme mi alegría.

Amén.

Bendigo a mis seres queridos que han atravesado el velo

Hoy envío pensamientos de amor a quienes tocaron mi vida en la Tierra y luego continuaron su camino. Que mi familia y amigos —mis queridos compañeros— sientan el amor dondequiera que estén. Que sienta su corazón dentro del mío.

La muerte no es sino una ilusión de la mente terrenal, ya que la verdadera vida no tiene fin. Cuando el cuerpo cae, el espíritu se eleva a nuevas alturas. Ni la enfermedad ni la muerte van a tentarme para olvidar que en Dios la vida es eterna.

Que Dios llene mi corazón con el conocimiento interior de que quienes me dejaron no se han ido, ya que permanecen en su corazón y en el mío. Siento paz al recordarlos, ya que sé que están ahí. Que ellos y yo descansemos en la paz de los brazos de Dios.

Estoy abierto al cambio
y no me resisto a él

No voy a resistirme a lo que pase hoy. Abro mi corazón a nuevos lugares, nuevas personas y nuevos capítulos de mi vida. Sé que todo está planeado según la voluntad de Dios y seré bendecido.

No voy a vivir en el miedo de lo que no conozco. Estoy abierto a los cambios que son parte de la vida, ya que siempre traen nuevos regalos. El pasado terminó y el presente está lleno de los infinitos regalos de Dios.

Enfrento mi día con un corazón valiente. Ignoro las voces que me atan al pasado y permanezco feliz en la novedad del ahora. Me quedo en el presente con un corazón abierto, sabiendo que mi destino se desplegará con milagros y alegría.

PARA REFLEXIONAR

El plan de Dios

Confía en que hay un plan perfecto para tu mayor bien-estar, aunque tu mente racional no lo comprenda. El plan de Dios funciona; el tuyo, no. No sabes cómo tus proyectos encajan en el plan mayor destinado a salvar al mundo; pero Dios lo sabe. Tu trabajo simplemente es abrir tu mente y tu corazón para que la conciencia superior fluya dentro de ti.

Encuentro a nuevas personas con un corazón gentil y amigable

Cada encuentro se da conforme a una tarea divina. Que no vea extraños a mi alrededor, sólo amigos que todavía no conozco. Que cada uno que venga a mi presencia se sienta bienvenido en la paz que lleva mi corazón al suyo.

Que mis encuentros hoy sean sagrados al abrir mi corazón a todos. Que bendiga a cada persona en una habitación aun antes de entrar en ella, y también a todos los que me rodean cuando estoy entre ellos. Así podré experimentar los milagros que trae mi corazón al estar abierto al amor.

Querido Dios,

por favor, pon tus ángeles a mi alrededor
para recordarme
la belleza de tus hijos.
Que no olvide bendecirlos,
sin importar quiénes son.
Que cualquiera que esté en mi presencia
sienta paz y amor.

Amén.

La amabilidad es el mayor poder, sin el cual soy débil

S i no soy amable, no estoy alineado con el amor, sin importar mis intenciones. La amabilidad es la llave con la que Dios abre mi puerta. Con amabilidad obro milagros, ya que es la marca del amor.

Qué fácil es olvidar lo frágiles que son las personas, no sólo yo sino también los demás. Que hoy sea gentil con cualquiera que encuentre, para que sientan el toque de una persona sensible en su corazón.

Querido Dios,

sé que estoy en la Tierra para ser amable con otros.
Qué fácilmente puedo desviarme por las insistencias del ego
de que cualquier otra cosa, sin importar cuál,
es sin duda más importante.
Hoy me niego a escuchar las insistencias del ego
y rezo porque el ángel de la amabilidad
toque mi alma.
Que esta semilla tenga sus frutos, querido Dios,
y me haga una mejor persona.

Amén.

Un milagro sucederá en cualquier momento y en cualquier circunstancia si me alineo con el amor

No existe ningún nivel de dificultad en los milagros. Ninguno es más difícil o más grande que otro. Soy un hijo de Dios y Dios hace milagros de manera natural. Éstos están dentro del tejido del universo, y me los merezco por ser quien soy.

Así, recordando quien soy, no me pelearé con nada. Dejaré mis preocupaciones, todas las cargas y las preguntas a Dios. No voy a constreñir mi energía, sino que me relajaré en *sus* brazos amorosos. Desde aquí, cada circunstancia en mi vida entrará milagrosamente dentro del orden divino.

Mientras más cargas llevo, mayor será mi tentación para estresarme, preocuparme, constreñirme y tratar de controlar. Sin embargo, hoy recordaré que debo hacer lo contrario. Recuerdo que los milagros sucederán en cualquier situación que deje al amor. Hoy dejo que sucedan.

Dejo que cada momento sea exactamente como es

Me doy cuenta de que mi único problema es separarme de Dios. Pero a veces es muy difícil confiar en que Él está ahí. Hoy abro mi corazón y relajo mi mente para experimentar *su* presencia en mi vida.

Dejo que cada momento sea tal como es. Si me relajo y no intento controlar, veo cómo todas las cosas retoman su orden divino. Dios está aquí y está activo en mi vida, en cualquier momento en que me pongo en sus manos. Que cada instante de mi vida sea sagrado.

Querido Dios,

hoy quiero dejar el control,
aflojando las riendas
y dejando mi vida en ti.
Lo que deje en tus manos, querido Dios,
por favor, tómalo.
toma todo el control que no tengo
y haz que sea hermoso.

Amén.

PARA REFLEXIONAR

Encontrar tu llamado

En el plano espiritual no tienes competidores. No existe competencia para tu posición, ya que eres la expresión única de la mente de Dios. No sólo tienes un lugar en el universo, tienes una *función* esencial en el universo. Sólo tú puedes hacer el trabajo de ser quien eres, y el universo mismo está incompleto sin ti. Comprender esto no es arrogante sino humilde, ya que te pones al servicio del mayor drama que existe: la actualización de tu propio potencial.

Tu mayor función es simplemente ser la persona que eres capaz de ser y a partir de ahí, del desarrollo de tu amabilidad y tu positividad, de tu vulnerabilidad y disposición a la vida, aparecerá tu llamado.

Que se haga la voluntad divina

Cuán fáciles se revelan las verdades más profundas cuando nos damos permiso de ver. Que la voluntad de Dios (su pensamiento) se haga (se manifieste) en la Tierra (en mi experiencia) como en el cielo (mi comprensión abstracta). Por los siglos de los siglos (a cada momento). Amén (así sea).

Hoy dejaré lo que pienso y lo que hago en la voluntad de Dios, o el pensamiento de Dios. Que el amor que viene de mí disipe el miedo del mundo.

Que mi mente sea un canal a través del cual los pensamientos celestiales bajan al mundo. Que las emanaciones del amor divino se expresen por medio de mí en cualquier manera posible. Que la voluntad de Dios se haga en mi vida y en la de todos.

Amén.

Sin importar lo que piense o haga, el universo lo sabe

Ningún pensamiento se quedará sin registrar en el éter del universo. La ley de causa y efecto se encarga de que cualquier cosa que pienso tenga un efecto en algún nivel. Como dijo una vez un amigo: "El universo lleva una perfecta contabilidad." Hoy busco tener el pensamiento correcto para que sólo lo bueno regrese a mí.

Dejo mi mente al espíritu de Dios para que mis pensamientos sean llevados a lugares superiores. Que me abstenga de juzgar y me entregue a las bendiciones, que me abstenga del miedo y me entregue al amor, que olvide la violencia y me entregue a la paz. Así puedo ser cocreador con Dios.

Hoy pido que mi mente sea un instrumento del amor y un método para los milagros. Que mis pensamientos sean guiados por los pensamientos de Dios, y sean una bendición para mí y para todo el mundo.

Que mi mente sea una puerta abierta por la que entren los milagros

Ningún milagro es demasiado grande ni demasiado complicado para Dios. No es un límite para *su* poder, sino para mi amor porque no deja que los milagros solucionen cada problema de mi vida.

Un pensamiento amoroso abre una puerta, atrayendo así un milagro. Un pensamiento sin amor cierra una puerta, desviando el milagro. Que mi mente sea una puerta abierta a través de la cual los milagros fluyan con libertad en mi vida.

La vida es más simple de lo que me la hago, ya que todas las cosas entran en dos categorías: amor o miedo. Cuando amo, elijo amar aún más. Cuando temo, elijo que el amor y el perdón puedan disiparlo. Así experimentaré mi poder para hacer milagros, mediante el amor de Dios en mi mente.

No juzgaré a las cosas y a las personas que no entiendo

Muchas veces no tenemos sino un poco de información, un atisbo del verdadero ser de alguien, pero aun así nos precipitamos a juzgar. Esa tentación del ego simplemente nos ciega a apreciar lo verdadero y nos arroja en la oscuridad. Sólo a través de los ojos del amor vemos en realidad, y sólo a través de la mente del amor entendemos.

Sólo quiero ver aquello que Dios quiere que vea. Ya que hay amor y un ansia de búsqueda en todos. Que Dios me dé ojos nuevos para ver y una mente nueva para entender.

Querido Dios,

que no me sienta tentado a pensar que sé,
cuando en realidad no sé.
Que no me sienta tentado a juzgar a tus hijos
cuando Tú no lo haces.
Que mi mente esté libre de los pensamientos del ego
que esconden la luz
en todos nosotros.

Amén.

PARA REFLEXIONAR

La canción del universo

E l verdadero tú, el ser verdadero, está más allá de los límites del mundo mortal. También lo están tus talentos y la brillantez que vive dentro de ti. Cuando permaneces en este conocimiento, simplemente al reconocer y apreciar el espíritu divino que reside en todos nosotros, recibes el carisma de una persona que tiene plena confianza en sí.

Alguien que confía en Dios aparece como seguro para el resto del mundo; alguien que piensa en sí mismo o sí misma como seguidor divino aparece como líder para el mundo. Vas a desarrollar una especie de luz invisible, un sentido de certeza humilde y una grandeza que viene más allá de ti mismo.

Tus habilidades, tu inteligencia, talentos, personalidad, circunstancias, sueños, todos aparecerán como un modelo majestuoso. Y todos estos dones serán tu llamado, un llamado que va y viene, una melodía constante desde tu corazón hacia el universo y desde el universo de regreso a ti.

Que aprenda a amar como Dios ama

Incluso a quienes no me gustan, Dios los ama. Dios ama a todos. Al rehuir este amor por todos, me alejo de Dios. Elijo no contrariar *su* voluntad, sino ser *su* instrumento.

Soy una idea en la mente de Dios. La mente de Dios es la mente del amor, para todo y para todos. Que hoy aprenda a amar como Dios ama, para saber quién soy.

Querido Dios,

por favor, lleva mis pensamientos al amor
de todo y de todos.
Porque entonces sabré lo que significa amar
y sabré quién soy realmente.

Amén.

Hoy busco amar a mi enemigo para que sea mi amigo

La única manera segura de librarme de mi enemigo es volverlo mi amigo. Negarle el amor a alguien no es lo que Dios quiere que haga.

Así cualquiera que haya sido mi enemigo puede volverse milagrosamente mi amigo. Hoy le permito al poder del perdón que haga lo que yo no puedo. Rezo por mi enemigo, sin importar mis resistencias, para que él o ella pueda ser amigo mío.

Si creo barreras de separación entre otros y yo, no haré un milagro. El amor es el poder que va a derrotar a mi enemigo al vencer en mí las ideas de enemistad. Escojo deshacerme de mis enemigos al elegir el amor en su lugar.

Que mi mente no sea un instrumento de ataque

Aunque el amor no me hará estar de acuerdo con mi hermano, sí permitirá que lo quiera siempre. Que mi mente sea el árbitro de la justicia y nunca un instrumento de ataque.

Si no estoy de acuerdo con alguien, que lo diga con respeto. Al hacer que una persona acepte su responsabilidad por algo, que lo haga con honor. Al poner un límite, que sea con amor.

Querido Dios,

que mi mente sea un conducto del amor
y no del miedo,
que pueda ayudar de alguna manera
a sanar este mundo herido.
Que mi mente sea clara
pero mi corazón permanezca abierto
según tus deseos.

Amén.

Me aferro a Dios, y sólo a él

Cuántas veces trato de atrapar a las personas y a las cosas, para que se queden cerca de mí. Al hacerlo, alejo a todos y a todo lo que amo.

Hoy me aferro sólo a Dios. Al depender de Dios dentro de nosotros, nos hacemos más independientes de las personas. Con la independencia de mi espíritu atraigo a todos y a todo lo que contribuye a mi bienestar. Liberado del ego, libero a los otros para amarme.

Querido Dios,

por favor, quita
mis apegos
a las cosas que no son mías.
Quita el control de mi ego
sobre el flujo de todas las cosas buenas,
para que todas las cosas buenas lleguen a mí.

Amén.

PARA REFLEXIONAR

Reverdecer internamente

Algunas personas se preguntan por qué la energía de su vida no parece moverse hacia delante: en realidad, la única cosa que los retiene es su propia falta de voluntad para enfrentar las situaciones que necesitan enfrentarse, las sombras que deben aceptarse y las compensaciones que requieren hacerse para liberar la energía y echar a andar de nuevo el motor. Si estamos atorados internamente, nuestras vidas estarán atoradas externamente; la única manera de ir lejos en la vida es si estamos dispuestos a ir a lo profundo. No importa si el problema sucedió hace décadas; el desafío es enfrentarlo y solucionarlo ahora, para que las próximas décadas estén libres de la trampa kármica de vivir siempre los mismos desastres.

Lo que parece que detiene el vuelo de nuestro avión, con frecuencia no es tal cosa. El trabajo interno a veces se hace más fácilmente si nos quedamos ahí reflexionando, que si corremos por todos lados. Una agenda enloquecida nos impide vernos a nosotros mismos con detenimiento, y a veces tal esfuerzo de negación ya no funciona. Los estilos de vida más calmados, las velas y la música suave en casa, el yoga, la meditación y ese tipo de prácticas estimulan el reverdecimiento interior. Nos estamos centrando en cambios que apoyan la profundización en el ser. Y la profundización es el propósito de nuestras vidas.

Las oportunidades nunca están totalmente perdidas

No siempre me comporto de manera que pudiera aprovechar las oportunidades. Pero el simple hecho de atraerlas a mi vida quiere decir que son mías. Cada lección regresará y tendré oportunidad de aprenderla.

Con mi arrepentimiento, mi humildad y mi deseo sincero corregiré lo que antes estaba equivocado. Atraeré las mismas oportunidades sólo que de una forma diferente. Dios guarda los milagros que me están destinados hasta que esté listo para recibirlos. Él enviará oportunidades una y otra vez, con planes cada vez mayores para bendecirme a mí y a otros ahora.

Querido Dios,

estoy listo para aprender lo que no haya aprendido antes.
Estoy listo para crecer y ser una mejor persona
por lo que ahora sé.
Me arrepiento de mis errores del pasado
y pido ser usado milagrosamente
para crear un bien todavía mayor.

Amén.

El ser precede al hacer, en mí y en el mundo

La única manera de saber lo que debería hacer es centrarme en quien soy. Hay cosas importantes que Dios quiere que haga, pero soy responsable por volverme el vehículo a través del cual Él trabaja. Él sólo puede trabajar para mí si le permito que trabaje a través de mí.

Poner mi atención en quien Dios quiere que sea es la única manera de saber lo que quiere que haga, y entonces hacerlo. El ser precede al hacer, en mí y en el mundo.

Querido Dios,

por favor haz que sea quien Tú quieres que sea,
para que haga lo que Tú deseas.
Que pueda encarnar el amor
y traer la paz
que puede cambiar el mundo.

Amén.

Pongo luz en cualquier situación problemática

Dios desenreda cualquier energía disfuncional que prevalezca en una circunstancia, cuando la pongo en *sus* manos. A través de mi mente pongo luz en cualquier situación problemática. Relajo el control de mis actitudes. Veré esto como una lección en milagros conforme Dios despliega *su* poder infinito para convertir la oscuridad en luz.

No me aferraré al problema, ya que Dios va a solucionarlo. Mi constricción emocional no sirve de nada. Voy a enfrentar la situación de otra manera si logro expandir lo infinito de mi ser y me relajo en los brazos de Dios. Y la situación cambiará.

Querido Dios,

pongo el problema en tu altar.
Por favor, interpreta la situación para mí.
Que vea el amor en otros y en mí.
Enséñame lo que necesito ver,
guíame para hacer lo que necesito.
Ayúdame a perdonar.
Levántame sobre el miedo de mi mente.
Gracias, Dios.

Amén.

PARA REFLEXIONAR

Reconstruir nuestras vidas

Igual que buscamos la comida para proporcionarle combustible a nuestro ser físico, buscamos la meditación y la plegaria como combustible para nuestro ser espiritual.

La meditación es como el ejercicio espiritual que desarrolla los músculos de nuestra actitud y los hace fuertes. Considéralo tu rutina deportiva diaria. En algún punto en nuestras vidas, con relación a los músculos físicos o los de la actitud, ¡la gravedad los debilita si no estamos trabajándolos! Los músculos espirituales se ponen flojos gracias a cosas como el cinismo, la negatividad, el victimismo, el enojo, los juicios y el miedo. Igual que ejercitamos con regularidad nuestros cuerpos, también haremos bien si ejercitamos nuestras mentes.

¿Por qué? Porque queremos ser vitales, vigorosos y fuertes. En algún punto, una recreación neurótica de nuestros dramas se vuelve aburrida tanto para nosotros como para los que nos rodean. Ya estamos listos para reconstruir nuestras vidas.

Baso la construcción de mi identidad sobre una roca eterna

No me dirijo al mundo para que me dé comodidad, busco sólo a Dios. No me dirijo al mundo para que me dé paz, busco sólo a Dios. No me dirijo al mundo para que me dé seguridad, busco sólo a Dios.

Baso la construcción de mi identidad en una roca eterna, en la que el mundo caótico no tiene efecto. Busco el amor más allá del mundo, para traerlo aquí.

Querido Dios,

que tu espíritu pueda eclipsar mi mente
y darme ojos para ver.
Que perciba el amor que sé que existe
e ignore todo lo demás.
Que pueda levantarme sobre la oscuridad del mundo
y mi mente se bañe en luz.
Que pueda sentirme tranquilo y confortado
por la verdad.

Amén.

Hoy elijo desplegar mis alas

Me doy cuenta del enorme llamado de la historia en este momento. Hemos sido llamados a crear un colectivo de genialidad, y cada uno es preparado para asumir su parte. Nuestro mundo necesita gigantes espirituales y requiere nuestra humildad y no nuestro ego para poder sumarnos a este esfuerzo. Muchos de mis problemas han sucedido porque elijo jugar a lo pequeño, pensando que ahí encontraré seguridad.

Pero he nacido con alas, y estoy destinado a desplegarlas. Cualquier cosa que haga que sea menos que esto va a herirme y negarme el amor hacia mí y hacia los otros; eso significa que llegaría al final de mi vida sin haber hecho el vuelo de la gloria espiritual.

Querido Dios,

si me quedo con mis propios recursos,
mis percepciones serán desviadas.
Te entrego a ti todo lo que pienso y lo que siento.
Por favor, toma mi pasado y mis planes para el futuro.
Manda tu espíritu para redimir mi mente,
para ser libre.
Que sea tu vehículo
para servir al mundo.
Que pueda volverme quien quieres que yo sea,
para hacer lo que quieres que haga.

Amén.

PARA REFLEXIONAR

Dejar ir las viejas historias

Aun si tu madre o tu padre no te dijeron que eras maravilloso cuando eras niño, tu Padre/Madre divino te lo dirá ahora. La comprensión espiritual es una corrección para la falsa programación que recibimos cuando éramos niños. Mejor que pasarnos analizando una cinta con toda nuestra infancia, podemos borrarla y grabar una nueva. El desarrollo espiritual tiene que ver con dejar historias del pasado para que el universo pueda escribir una historia nueva. No estás negando tu infancia; simplemente trasciendes sus aspectos negativos.

Dios es tu madre verdadera y Dios es tu padre verdadero. Eres amado, adorado, cuidado y bendecido. Si aceptas esto incluso por un momento, las tormentas de tu infancia mortal quedarán atrás.

La oración expresa
mi pasión por Dios

Con mis oraciones invito a Dios a que venga a mí, aunque Él ya esté ahí. Hablo con Él mediante la plegaria. Él me responde con los milagros. La cadena infinita de comunicación entre amante y amado, entre Dios y el hombre, es la canción más hermosa, el poema más bello. Es el mayor arte y el amor más pasional.

Querido Dios,

te ofrezco este día a ti,
el fruto de mi labor y los deseos de mi corazón.
En tus manos dejo todas mis preguntas,
en tus hombros dejo todas las cargas.
Oro por mis hermanos y por mí
para regresar al amor.
Que todos seamos bendecidos.
Que encontremos el camino a casa,
del dolor a la paz,
del miedo al amor,
del infierno al cielo.
Porque tuyo es el reino, el poder
y la gloria. Por los siglos de los siglos.

Amén.

Le pido a Dios que transforme todos los pensamientos negativos

¿Cómo logro cortar el diálogo negativo conmigo mismo, la repetición crónica de pensamientos y sentimientos que me causa esta espiral emocional que me arrastra hacia abajo? No siempre es tan fácil como decir: "No pensaré de esa manera nunca más." Los pensamientos muy arraigados son como la placa que se forma en mi conciencia. Pero en la vida no se me pide ser mi propio transformador; se me pide entregar los pensamientos y sentimientos que necesitan transformación. Dios hará el resto.

Querido Dios,

siento que voy cayendo dentro del hoyo
de la autocompasión, la propia obsesión y la negatividad.
Sé que no debería pensar de esta manera,
pero tengo miedo y no puedo parar.
Por favor, reemplaza mis pensamientos con los tuyos, querido
Dios.
Estoy dispuesto a verme y ver todas las cosas de manera
diferente.
Por favor, mándame el milagro de ojos y oídos nuevos,
para reconocer mi mayor bien.

Amén.

PARA REFLEXIONAR

Confiar en nuestros deseos

Muchas personas tienen dificultades para aceptar lo que realmente quieren. Piensan, por lo menos de manera subconsciente, que pedir por la felicidad total es pedir demasiado. Así que no se molestan en escuchar los deseos de su corazón.

Pero cuando tu mente está alineada con la plegaria, la meditación y el perdón, cuando tu cuerpo está alineado con una buena nutrición y ejercicio, cuando tu comportamiento está alineado con un modo de vida sano a través del esfuerzo sincero, entonces te ganas el derecho de confiar en ti mismo. Cuando estás alineado con la verdad, puedes confiar en tus deseos. Tienes la certeza de que vienen de Dios.

Estoy divinamente programado para levantarme

Estoy programado internamente para ir hacia mi mayor posibilidad creativa. Nada que haga puede borrar el deseo de mi alma para lograrlo, o el deseo del universo de dármelo. Ninguna desviación del amor —de mi parte ni de ningún otro— puede evitar que el universo cumpla su divina intención para que mi vida sea completa y alegre.

De acuerdo con *A course in miracles* (*Un curso de milagros*), cualquier milagro que pueda haberse desviado está "guardado a buen recaudo hasta que estés listo para recibirlo". El universo tiene una póliza de seguros integrada. Lo que haya perdido está programado para regresar, de otra forma, en otra situación, en otra ciudad, con otras personas; a través del poder del arrepentimiento, *va* a regresar.

Querido Dios,

siento que he fallado.
Siento que todos mis esfuerzos no han llegado a nada.
Siento vergüenza sobre cómo mi vida ha resultado.
No sé qué debo hacer o dónde ir.
Por favor, querido Dios, repara mi corazón,
sana mi mente y cambia mi vida.
Construye un camino para mí desde la oscuridad hacia la luz.
Me arrepiento de mis errores y pido tu perdón.
Por favor, haz por mí lo que yo no puedo.

Gracias, Dios.

Le entrego a Dios el trabajo que hago en el mundo

Para la mente arraigada en el ego, la entrega significa darse por vencido. Para la mente arraigada en el espíritu, la entrega significa darse y recibir. Una vez ahí, dentro del lugar sagrado donde todo son riquezas internas, el oro de la prosperidad del mundo aparece de forma milagrosa. Su llegada me invita a usar mi riqueza de forma responsable y generosa, tal y como el universo me la ha dado.

Como Dios viste de lilas los campos en flor, así me vestirá a mí. Me pide que lleve a otros la bendición y la protección que ha vertido sobre mí, para que *su* amor fluya en una cadena infinita de milagros.

Querido Dios,

te entrego a ti quien soy, lo que tengo y lo que hago.
Que mi vida y mis talentos se usen en las maneras
más útiles para ti.
Te entrego mis fracasos y cualquier dolor en mi corazón.
Te entrego mis éxitos y las esperanzas que contienen.
Que la luz de tu amor brille profundamente en tu corazón
y se extienda a través de mí para bendecir al mundo.

Amén.

Dedico mis talentos a Dios

Aquello que se pone de manera proactiva al servicio del amor está protegido de las garras del miedo. Aquello que se pone de manera proactiva al servicio de la cordura está protegido de las garras de la neurosis. Aquello que se pone de manera proactiva al servicio de lo que es bueno, sagrado y hermoso está protegido de las fuerzas de la destrucción.

Hoy me tomo en serio y tomo en serio mi trabajo y a Dios dentro de mí —dedico cada día, cada hora y cada momento a los propósitos del amor— y el ego en mi interior no tendrá así ninguna oportunidad: el ego reconoce una mente sagrada cuando la ve.

Querido Dios,

te dedico mis talentos y habilidades.
Que puedan ser usados de manera que sirvan a tus propósitos.
Te entrego mi negocio y mis finanzas.
Que mi trabajo sea llevado a su máxima posibilidad,
como una bendición para el mundo.

Amén.

PARA REFLEXIONAR

El milagro del perdón

Es fácil permanecer amable y sereno cuando otros actúan como tú quieres, pero ésta no es una imagen realista de la vida. Todos somos imperfectos, todos estamos heridos y la mayor parte de nosotros ha sido dañado en algún momento por la crueldad que a veces ejercen los demás.

El perdón implica tener fe en un amor más grande que el odio, y en la voluntad de ver la luz en el alma de alguien, incluso cuando esa persona alberga la oscuridad. El perdón no implica negar que alguien ha actuado muy mal; sólo significa que escogemos no centrarnos en su culpa. Al centrarnos en el error, lo volvemos real para nosotros y cuando eso sucede, se vuelve real *por* nosotros. La única manera de librarnos de la vulnerabilidad del comportamiento de otras personas es identificar claramente la parte de ellos que no forma parte de su cuerpo. Podemos ir más allá de su comportamiento al apreciar la inocencia de su alma. Al hacer esto, no sólo *los* liberamos del peso de su condena, también nos liberamos nosotros.

Ése es el milagro del perdón.

Mi herencia natural es el poder para hacer milagros

Como hijo de Dios, tengo derecho a las riquezas que mi Padre me otorga: los milagros que suceden cuando mi mente está sintonizada en el amor.

Al recordar quién es Él y quién soy yo, también recuerdo el poder dentro de mí. No es un poder simplemente para arreglar las cosas. Es el poder para transformar el mundo. Haz que use mi poder con gracia y magnanimidad, para hacer milagros donde quiera que esté.

Querido Dios,

recibo el regalo que me has otorgado
de hacer milagros en tu nombre.
Que mi mente sirva tus propósitos
para que con el tiempo podamos cocrear
un cielo aquí en la Tierra.
Así sea.

Amén.

AGRADECIMIENTOS

Agradezco a toda la gente maravillosa que me ayudó a armar este libro. Ha sido una experiencia dulce y significativa que ha reunido, dentro de este esfuerzo, nuestros talentos creativos y nuestros corazones.

Mi continuo agradecimiento a:

Mickey Maudlin, que ha capitaneado mi barco literario con calma y creatividad. Estoy agradecida por la oportunidad de dejar mis palabras en manos tan capaces.

Ellis Levine, por su consejo literario, por sus idas y venidas y sus siempre sensatas recomendaciones.

Tammy Vogsland, por mantener mi mundo material en el orden adecuado. Y no es broma.

Kathryn Renz, Liza Zuniga, Terri Leonard y Michele Wetherbee, por su excelencia para tomar un manuscrito y volverlo un libro; y Claudia Boutote, Laina Adler, Amy Van Langen y Melinda Mullin por permitir al mundo que se enterara de él. También, Jeremy Cowart y David Kaufman, por la belleza que depositaron en todo el proceso.

Mark Tauber, por publicar mi libro. Gracias por ese honor.

Lesley Silverman, por su generosa e implacable ayuda con el manuscrito. Ahora es un mejor libro porque estuviste a mi lado.

Frances Fisher, Wendy Zahler y David Kessler, por las bendiciones de su amistad. No puedo agradecerlo bastante.

India Williamson, por ser la hija de mis sueños.

A todos ustedes, mi gratitud sin fin. Este libro lleva al mundo tanto su amor como el mío.

Un año de milagros

Esta obra se terminó de imprimir en Agosto de 2014
en los talleres de Impresora Tauro S.A. de C.V.
Plutarco Elías Calles No. 396 Col. Los Reyes.
Delg. Iztacalco C.P. 08620. Tel: 55 90 02 55